心理療法としての仏教

禅・瞑想・仏教への心理学的アプローチ

Buddhism as Psychotherapy :
Psychological Approach to Zen, Meditation and Buddhism

安藤 治
Ando Osamu

法藏館

はじめに

「禅」や仏教の「瞑想」が、欧米で一般の人々にも広く実践され、関心を集めていることをご存知の方は多いだろう。禅だけでなく、チベット仏教の高僧ダライ・ラマの言葉が、現代の西洋社会に生きる多くの人々に、少なからぬ影響を与えていることもよく知られている。

近代の科学的合理的世界観がすっかり行き渡ったように思える現代社会では、その世界観の支配ゆえに、とくに先進諸国において、「心」への関心がますます高まっている。そしてこの状況を背景に、「心理療法」や「癒し」への要望が、ますます大きくなってきている。いま西洋社会で高まっている仏教への関心もまた、こうした現代人をとりまく特有の状況から浮き上がってきた現象にちがいない。

このような時代背景から、欧米では、禅や仏教に強い関心を寄せ、自ら瞑想などを実践する精神科医や心理療法家たちも確実に増加しており、そうした人々からは、従来の治療実践に、注目すべき新しい風が吹き込まれている様子を目にすることができる。

仏教の西洋社会への浸透は、この二、三十年でとくに質を高めており、現在では、すでに長期の実践を経て、十分な指導資格や能力をもった西洋人が数多く輩出している状況さえ見られる。禅の例を取り上げると現在、世界には、「禅センター」と呼ばれる施設が六十七ヵ国に存在しており、米国の場合、カリフォルニア州だけで百五十以上、米国全土では七百カ所を超えている（「花園大学国際禅学研究所公開データ」）。

わが国では、仏教というとすぐに「宗教」というレッテルが貼られ、近代的合理精神を身につけた現代人の知性からは、即座に「(科学的でない）知識」として、まともに受け入れられない傾向も強く見られることがある。しかし本文で詳しく述べていくが、そのような態度は、明らかに禅や仏教の価値を見る目を歪ませるものである。というのも、ブッダにはじまる本来の仏教の考え方は、近代的精神ともまったく矛盾することのない、きわめて合理的な思考に貫かれたものと考えられるからである。

もちろん、仏教が「宗教」であることを否定するわけではないが、仏教に言い伝えられてきた重要な伝統的智恵の数々は、たとえば「あなたは宗教をもっていますか」というように使われる「宗教」とは意味の異なるものだろう。この場合の「宗教」は、「特定の信仰や宗派や信念」を表す言葉である。しかし、たとえば「煩悩《ぼんのう》を洗い落とす」とか「執着を離れてありのままに生きる」などといった仏教の根本に由来する大切な言葉は、この「特定の信仰や宗派」とは切り離して捉え直されるべきものである。

仏教は、私たち日本人の精神性《こころ》を築き上げてきた主要な文化的源流であることに異論はないはずだ。「煩悩を洗い落とす」といった言葉も、それが人間の成長にとって大切なこととして、少し前までの日本人なら誰もが認めたことであろう。しかしこの言葉は、いまでは酒席などで人をちゃかす言葉としてしか役割がなくなってしまったようにさえ見受けられる。

ところが興味深いことに、この"Bonno"の大切な価値が、現在の西洋社会において引き出されているのである。この一例にも見られるように、わが国のすぐれた精神文化を築き上げてきた文化的源流が、時代進展のなかで次々とその価値を失いつつあるいま、それらが外国で再発見されているという現象には、注目すべき価値が大いにある。

現代の合理的知性によってその価値が失われるものは、もちろんたくさんあるが、それによって新たに貴重な価値が再発見されることもある。

現代になって再認識されようとしている禅や仏教という東洋の偉大な伝統は、これまでさまざまにある種の否定的意味が付着してしまった「宗教」という色眼鏡をはずして、新しい視点、あるいは本来の視点から捉え直される時代を迎えたのである。

仏教に蓄えられ伝えられてきたものとは、あえて言ってみれば、人間がより「高い人格を目指し」「いかに与えられた生を生き」「人生の目標に至ろうとする」「道」を示す重要な知識である。このような精神や智恵は、急速に推し進められてきた近代化や科学時代の進展の陰で、しばらくの間すっかり見過ごされてきた。

物質的な豊かさを手にした現代の私たちに、果たしてそれに見合う「心の豊かさ」があるのかという問いには、誰もがためらいを隠せない時代である。この長きにわたって隅に追いやられてきた「より高い人格や人生の目標に至ろうとする精神」は、いまこの時代にこそ、真摯にその重要性が認識され出しているのである。

伝統が培ってきたすぐれた精神文化を新しい目で掘り起こしていく作業はいま、世界の各所で強く求められ、実践や探求が盛んに行われている。わが国の場合それは、禅や仏教のみならず、自らの足元にあるすぐれた文化的源流や精神的伝統の再発見につながるものである。その作業が進められていくことは、わが国にとってだけでなく、世界にとっても必ずや貴重な価値を有するものになるはずである。

本書は、このような基本的立場に立って、仏教および禅を、いま世界から盛んになされはじめている新たな角度からのアプローチ、すなわち現代の学問である「心理学」や「心理療法」の観点に立って捉え直してみようとするものである。わが国の「仏教」や「禅」も、このような世界的視野から捉え返されることによって、いままでにない新たな姿を見せてくれるように思われる。そして、この作業が、とくにわが国の現在の精神文化の衰退に対しても、一石を投じるものになることを期待したい。ささやかながらも、本書の真の目的はそこに置かれている。

本書は、心理療法についてある程度の知識をもった人々を読者に想定して書いたものである。現在わが国で心理療法に携わる方々には、このような視点がもたれることはあまりないように思えるが、今後はこうした視点をもつ人々が増えていくと確信している。なぜなら、それは現代というこの特有の時代進展がもたらしたものであり、現代に生きる多くの人々が潜在的に求めているものだからである。

その目が先に西洋社会から生まれてきたのも、理由のないことではない。その意味で、現代において新たな期待が向けられている仏教的伝統に携わってこられた方々や、「心の時代」に強い関心をもつ一般の方々にも、是非読んでいただけたらと願っている。

本書のようなアプローチは、すでにここ数十年の間に、西洋諸国では盛んになされてきているものである。だが残念なことに、いまのわが国ではそのような視点をもった研究的努力は極端に乏しい。したがって、まずそれら西洋でのアプローチを紹介しながら、現代のわが国での今後の発展につなげられるような基礎的努力をしていきたいと思っている。この作業が、多少なりとも現代人に見失われてきた豊かな精神文化を引き上げる一端になればと、切に願う次第である。

心理療法としての仏教——禅・瞑想・仏教への心理学的アプローチ＊目次

目　次

目　次

心理療法としての仏教

——禅・瞑想・仏教への心理学的アプローチ

Buddhism as Psychotherapy: Psychological Approach to Zen, Meditation and Buddhism

装幀＝小林　元

第一章　現代心理療法の発展と仏教

二十世紀で最も重要な出来事の一つは、仏教の西洋社会への紹介であろう。
アーノルド・トインビー

「心の時代」という言葉に誰もがうなずく現代社会。「心理療法」に対する社会の需要は、過去に例を見ないほど増大している。

「心理療法」とは、言うまでもなく、フロイトの創始によって近代西洋医学に誕生した「病いの治療法」である。しかし、現代の「心理療法」は、それだけにとどまらず、社会からのヴァラエティに富んだ期待に応えながら、まさに百花繚乱の各種アプローチを含むものになっている。

「心理療法」は、時代の流れのなかで大きくその範囲を広げ（あるいは広げさせられ）てきた。西洋では、とくに一九六〇年代後半頃から、従来の「病いに対する治療」という枠組みを越える新しい「心理療法」が次々と生み出されてきたが、この動きは、決して西洋社会だけにとどまるものではなく、現在では同様にわが国にも確実に波及している。

このような現象が浮かび上がってきたのは、現代社会における「健康観」の変化が、その背景に大きな影響を及ぼしているだろう。ＷＨＯ（世界保健機関）の憲章にも反映されているように、現代では、「健康」という概念は単に病いのない状態を指すものではなくなっており、身体のみならず心も含め、その成長や発達を積極的に求めていくものという考え方に変化してきた。

最近では、この「健康」という概念を表すための一つの要素として、「霊性《スピリチュアリティ》」という言葉（この用語については第七章で詳しく検討する）も含められるべきであるという考えが、実際にＷＨＯにおいて検討されているところである。

こうした状況下で、「心の治療」つまり「心理療法」は、現代人にとってますます大きな意義のあるものになってきている。「心理療法」はいま、その本来の枠組みである「病い」に対する「心を通しての治療」を超えて、「自己成長」や「自己実現」を目的とした「心（そのもの）の治療《セラピー》」や「心身の癒し」という枠組みにまで、その範囲を大きく広げるようになった[22]。

心理学という学問も、この時代の流れのなかで大きくその枠組みを拡げる必要性に迫られており、とくに臨床に関わる現代のアプローチには、[1] さまざまに新しい領域が出現している。なかでも、現在進行形で盛んに進められている仏教や禅への心理学的アプローチは、最も注目されるべき重要な領域であろう[16、17]。

というのも、そこでは従来の心理学の枠組みが拡張されようとしているだけでなく、その歴史を積み上げてきた自らの基盤をなす西洋文化そのものを乗り越えようとする心理学史上でも、まったく新しい努力がなされようとしているからである。

その必要性が自覚されたことだけでも意味は大きい。だが、それだけでなく、西洋の心理学的努力として生まれたこの種のアプローチは、より広く西洋文化と東洋文化、西洋哲学と東洋宗教、科学と宗教といった対立してみなされる諸領域をつなぐ要素をもっている。それらは、ただ単に心理学という領域にとどまるものではなく、西洋と東洋との融合、そして統合の可能性を探るという現代において、最も重大と言われるべき課題に取り組んだものになっているのである。

革命とも呼ばれるグローバリゼーションの波がそこかしこで進行する現代社会にあって、その大きな影響は社会体制や経済、通信・情報技術の領域だけでなく、いわゆる思想の領域でも確実に起こりつつある。なかでも仏教や禅に対する西洋からの関心、あるいはその西洋社会への流入という事態は、人間の歴史において時代を画するほどの可能性を秘めた重要な動きであると私は思う。わが国ではまだまだこうした関心が非常に乏しいようだが、世界的視野から見て、今後このような領域での研究は、とくにわが国で活発になされるべきであろう。

本章ではまず、仏教を現代的に見直すための基本的アプローチにつなげるため、西洋に誕生し育てられてきた近代的心理療法と仏教との接点を、大まかに眺め渡しておくことにしたい。

一、西洋心理療法の大衆化とその広がり

心理療法は、つねに時代の変化に敏感に応えることが要請される。したがって、その営みを支える（臨床的）心理学の歴史にも、いくつかの時代を画するような特徴的変化を見ることができる。なかでも、ここ数十年間に起こった動きには、その実践の「大衆化」が一挙に広く進められたことによって、数々の注目すべき新しい影響が及ぼされてきた。

カタカナで使われる「セラピー」という言葉を耳にされたことはあると思う。英語の「治療」が「セラピー」なのだから、特別取り上げるようなものではないと思われるかもしれないが、たとえば「アロマセラピー」「アニマルセラピー」などのように、近年では、この言葉が「治療」を専門に行う医学の垣根を飛び越えてさまざまに使われるようになっている。ここには、その「大衆化」の一端がとりわけよく現れているであろう。

この言葉はもともと、医学や臨床心理学の「心理療法《サイコセラピー》」を短くして使われたもののようだが、現代ではその枠を踏み出して非常に幅広く使用されるようになった。実際、「心」に関して現代人は、医学的治療だけでなく――あるいは医学的治療の他に――さまざまに「治療《セラピー》」と呼ばれるものを必要としているのかもしれない。

現代では、このように従来の「心理療法」が広く大衆化し、時代とともに浮上してきた人々の多

様な欲求に応えようとする種々の新しい心理的治療法、つまり「現代セラピー」とでも呼ぶべきものが、雨後の筍よろしく一般社会のなかに氾濫するようになった状況が見られるのである。

このような動きは、まず西洋社会から沸き起こってきたものだが、現在ではとくに世界のいわゆる先進諸国において広がりが多様化している。そして当然ではあるが、こうした流れのなかで、従来の医学や（臨床）心理学という学問にも、新しい刺激が及んでくるようになってきた。実際、それらの一般社会での動きを受けて、確立された学問の領域にも新しい試みが次々に取り入れられる時代を迎えているのである。

ここでは、心理療法が仏教へと接近していく流れを見るための一つの切り口として、この西洋に沸き起こった「現代セラピー」の出現という現象の背景を眺めてみることからはじめてみたいと思う。いわゆる「心の時代」と呼ばれるものも、西洋文化にいち早く起こってきたこの種の動きに、その源流を見ることができるであろう。「心の時代」の到来は、西洋型文明の発展の産物という側面も大きく、近年ではその文化発展を同じように謳歌してきたゆえに、わが国にもほぼ同様の状況が現れてきていると考えられる。

1　対抗文化の時代

歴史をたどってみると、この「現代セラピー」出現のルーツは、一九六〇年代後半のいわゆる「対抗文化《カウンター・カルチャー》」の時代に行き着く。六〇年代後半と言えば、周知のように、世界の先進諸国のなかにほぼ同時期に、いわゆる「学生革命」の運動が沸き起こった時代である。それは、若者を中心にそれまでの既成の価値観を破るような新しい文化的動きが次々に生まれた、大きな変動の時代だった。なかでもアメリカは、それらの新しい文化潮流が最も集約的にエネルギーをもって噴出した場所である。そこには当時を特徴づける各種の動きの代表的な姿をさまざまに見ることができる。

たとえば、「ヒッピー」や「フラワーチルドレン」などと呼ばれた新たな世代の出現。それは一つの代表として、従来の価値観を脱しようと新たな生き方を模索していた人々の大きな流れが、氷山の一角として形になって現れたものである。この動きは、当時巻き起こったベトナム反戦運動や公民権運動などをきっかけに、従来の社会や制度に反発するものとして沸き上がってきたものだったが、それはただ単に表面的な反発にとどまるものではなかった。

この動きがあれほどの熱を帯びて大きなものになったのは、その動きの根底に、それまでの西洋的な生き方の基盤をなしてきた自分たちの態度（いわゆる個人主義的・合理主義的・科学主義的なあり方）そのものへの根本的疑問や強い反省が生じ、そうした態度の行き詰まりが認識されたところからくる近代西洋文明全体への大きな不信感が、人々の内にはらまれていたからである。

当時そこに吹き出したエネルギーは、あまりにも突発的で過激に噴出してしまった感がある。しかしそれは、西洋の近代という大きな一時代が転換期にさしかかって限界を迎え、まるで地震のように、長年のうっ積したエネルギーを解放する動きとして現れたものだったからにちがいない。

2　健康と自己成長

この時代を象徴するものとして出現したジーンズやロックミュージックが、いまでは何の違和感もなく人々に受け入れられているように、一時の熱狂的な姿は影を潜めたとはいえ、対抗文化は、徐々に社会のさまざまな分野に浸透し、従来の価値観の変革につながるものとして着実に広がっている。

先にも少し述べたが、それらは「健康」という概念に対しても、それをただ病気ではないとした旧来の枠組みを超えて、広く「自己成長」や「ヒューマン・ポテンシャル・ムーヴメント（人間の潜在性開発運動）」などと呼ばれる、個人のなかに眠らされた潜在能力を引き出そうとする、諸種の実験的試みをも含めた幅広い価値観にまで拡張されていった。

近代的な医療観からはともすると抜け落ちてしまいがちだった「自然治癒力」への再認識を基礎に、いわゆる伝統医療や民間医療、そして代替医療にも積極的に目を向ける動きも活発になった。新たな医療観をさまざまに模索しようとする「ホリスティック・ヘルス運動」なども、こうした大きな意味での世界観の変化から生み出された時代の流れとして理解することができる。「現代セラピー」と呼べるようなものが出現してきたのも、こうした新たな時代の動きのなかで、いわば拡張された「健康」を求める現代人の欲求が強くなった結果として現れてきたものと考えられるであろう。

現代人のこうした欲求は、過去には見られなかった数々の新しい実験的な試みを生み出したり、それまでの社会のなかでは見過ごされがちだった側面を新たに見直そうとするような視点を次々に生み出していった。そのような流れのなかで、とくに「心理療法」は、さらに広く大衆化していく。そこでは、従来は重視されてこなかった要素である身体感覚や身体運動を通した治療的関与の重要性が積極的に引き上げられたり、それまではむしろタブーとさえされていた、身体に直接働きかけて治療を行ったりする「ボディーワーク」と呼ばれる方法なども、「心理療法」としてさまざまに試みられるようになる状況が生み出されていったのである。[2]

二、西洋社会への仏教・瞑想の浸透

いま述べてきたように、現代の社会にはさまざまな名がつけられた「心理療法」が実際に数々存在している。ただ、現代の心理療法といっても、それらの代表的なものはほとんどが西洋社会で生まれたものであり、わが国の臨床心理学や心理療法は、(現在は) それに追随するものと言うしかない。

本書が目指すのは、決して「進んでいる」西洋を追いかけようとするようなものではなく、最終的には、「西洋への追随」を乗り越えていくことにあるのだが、乗り越えるためにはそれをよく知っておくことが先決であろう。ここではまず、西洋の状況や議論を十分に見渡すところから話を進めていくことにしたい。現代の世界を視野に入れるなら、「心理療法と禅・仏教」というテーマについて考えるにも、やはりまず、西洋社会に起こった両者の出会いから見ておくことが必要である。

1　仏教と心理療法の出会い

言うまでもなく、仏教は「世界四大宗教」の一つとして西洋社会でも古くから知られてきたものである。それもあってのことであろう、西洋でも、仏教を「宗教」と切り離して捉える視点が生まれてきたのは、比較的最近のことと言っていい。

西洋の関連書物を参照してみれば、そのきっかけになった出来事がいくつか挙げられるが、なかでも特筆すべきことは、他でもないわが国の禅学者・鈴木大拙による禅ないしZENの紹介である。それらは実際、現代の新しい心理療法の発展にも少なからぬ影響を与えてきたものである。仏教や禅の西洋社会への広がりを語るには、いくつかの角度から見ておく必要があるが、本書では、まずここから振り返って、西洋社会に育ち広がった新しい視点の展開を眺めておきたいと思う。

鈴木大拙の英語による著作は、『禅仏教入門』や『禅と日本文化』等の代表作が数々存在しているが、後の発展から見て、最も大きな影響を与えたものは、新フロイト派の社会心理学者エーリッヒ・フロムとの共著の形で出版された講演集『禅と精神分析』(152)であろう。この著作では、フロムの精神分析的見地からの意見が加えられることによって、西洋人の禅に対する理解を助け、その関心を強く沸き立たせるものとなった。そこでは、大拙が「無意識」等の用語を駆使しながら、宗教とは離れた立場に立って禅のエッセンスを語り、丁寧に理解を促す努力がなされたからというだけでなく、フロムからもまた、フロイト以来の宗教に対する精神分析的解釈を乗り越えた理解、すなわち精神分析のなかに禅ときわめて類似した目的が見られることが示され、西洋の学問的立場からのきわめて共感的な理解がなされたからである。

『禅と精神分析』は一九六〇年の刊行だが、この翌年にはアラン・ワッツによる『心理療法　東と西』[169]が出版されている。西洋の知識人たちにとっては、この著作もまた、非常に大きな影響を与えたものとして見過ごされてはならないものである。ワッツのこの著作は、東洋宗教として括られる種々の伝統的修行体系が、西洋における心理療法と同等にみなせるという視点を――その内容よりもタイトルによって――多くの人々に広く植えつけたという点で、価値が大きいと言えるようである。

ワッツの著書からは、当時すでにこの分野への関心が少なからず高まっていたことが知られるが、その関心の対象になった文献の数は、彼が著書で明言しているように、関連文献すべてに目を通したと断言できるほどのものであった。ところが、その後の状況を見れば、公刊された文献はおそらく、一人の人間には不可能なほど、現在では膨大な数に上っている。

ともあれ、この二つの著作は、日本でも即座に翻訳が出版されているし、その影響力は世界的にも多大だったようである。しかし、その後の展開を見ると、それはまだ知的好奇心レベルや一部の知識層の関心事に限られていたと考えられる（日本では完全にこのレベルで留まったままだったのかもしれない）。ところが（西洋社会では）、六〇年代後半になってくるとくに、先に述べた「対抗文化」の動きとも連動しながら、これらの知的関心のみに留まらない東洋宗教の具体的実践が、一般社会のなかに次々と流入する時代を迎えることになった。仏教という「宗教的伝統」において行われてきた諸実践は、ここにおいて「心理療法」のさまざまな実験的試みと融合し合う契機が生み出されていったのである。

2　アメリカ社会への仏教の浸透

ここでは東洋宗教の流入に関して、アメリカの状況にだけ簡単に触れておこう。

その影響力という点でまず第一に挙げるべきは、わが国の「禅」の普及である。一九六七年、鈴木俊隆老師によって設立された「サンフランシスコ禅センター」は、七〇年代を通して、東洋に注目する新しい文化的動きのメッカとも言える代表的存在になっていった。「禅」はこのことによって、当時すでにあった大拙による知識層に限定された関心を越え、具体的実践を通して西洋文化のなかに浸透していったのである。実際、サンフランシスコ禅センターには、当時の多くの著名人が関わりをもち、各種の芸術的活動等にも波及しながら、社会的・文化的にも大きな影響力が見られた。

また、こうした動きは、禅だけでなく、インドの瞑想アシュラム（道場）の指導者（グル）やチベット仏教の指導者（リンポチェ）たちの移住が次々に行われていったことなどによっても、大きな広がりをもつようになった。瞑想という実践法に限って言えば、当時最も一般的広がりをもったTM（超越瞑想）の影響を見逃すことはできない。

また、ケネディ大統領が送り込んだ東南アジアへの平和部隊の経験者たちが、現地でテーラワーダ（上座部）仏教の修行を積み、ヴィパッサナ（観法）と呼ばれる瞑想を紹介したことも、その後から現在までの状況を見ると、大きな影響を及ぼしたものとして挙げておく必要がある。

このような種々の東洋宗教の流入が具体的な実践をも通して大規模にはじまったことによって、そこで中心的に行われる瞑想・仏教は、徐々に多くの一般の西洋人にも身近に実践できるものとして浸透していった。

当然のことではあるが、そうした東洋的思想や実践に、合理的・科学的思考を身につけた西洋人たちがただ素直に従ってばかりいるわけはない。さまざまに懐疑的意見や反発も膨らんだし、実際、そうした東洋の指導者たちのなかには——活動が大きく広がれば当然ではあるが——いかがわしい者もいて、問題は少なからず見られた。

しかしその後、半世紀にもなる現在では、過去の乱立状況は姿を消し、その代わりに成長を遂げ確立された組織が数々発展するようになり、瞑想ないし仏教的実践はますます広がりをもって西洋社会のなかに普及している。先に述べたように、現在では、長期の実践を経て十分な指導資格や能力をもった西洋人が数多く輩出している状況が見られるのである。

また、こうした一般社会への広がりを背景に、瞑想に対する科学的（心理学的）研究も徐々に行われるようになった。現在、瞑想に関する科学的研究論文の数は千五百本を超えるほどにまで増えている。瞑想の科学的研究のより詳細については、拙著『瞑想の精神医学』(9)を参照いただけると幸いであるが、研究の姿勢や視点は、初期のかなり先入観に彩られた懐疑的・否定的な意見や、逆に過度に賛美するような意見が出された時期を過ぎて、近年では冷静で着実な研究が行われるようになっている。

瞑想は現在、こうした研究努力とも手を携えながら、徐々に心理療法や医療の現場のなかにも持ち込まれはじめ、実際に治療に役立てるための努力がさまざまに試みられるようになっている。仏教や瞑想は、実際の心理療法として、宗教という枠組みを完全に脱して、現代社会の各所でさまざまに活用されるようになってきているのである。

三、仏教への心理学的接近

こうした一般社会における普及や関心を背負って、心理学という学問の内部から新しい発展が生まれるのは、きわめて自然なことであろう。西洋において仏教は、瞑想という実践を通して社会に浸透し、医療や心理療法の現場においても種々の実験的応用が行われることによって、学問的理解の必要性を増加させている。

瞑想の心理療法への応用は、精神医学や（臨床）心理学という学問がアプローチすべき対象となる。そこからは、瞑想を単に技術として捉えるだけでなく、その背景にある仏教という伝統的知の体系への関心を喚起するが、それもまた自然なことと言うべきであろう。

またこの動きとは別に、仏教に対しては、とりわけ偉大な貢献をなしてきた西洋の心理療法家たちから、並々ならぬ関心が寄せられてきた歴史がある。心理療法と呼ばれる人間の心理的苦悩からの解放を援助するという仕事に携わってきた人間にとっては、それを多少なりとも知り、真摯に見つめるならば、この東洋文化に存在し続けてきた奥深い智恵の体系に学ぶものは、計り知れないことを感じざるを得ないのである。

ユングは次のように言う。

治療の目的についての問いと真剣に取り組んでいる心理療法家は、「たましい」の「治癒」、すなわち人間の「たましい」を完全なものにするための東洋的方法が、どのような究極的結果に到達しようと努力しているのかという点について、無関心ではいられないのである。(77)

これはほんの一例にすぎない。ユングの言う「たましい」への深入りは別の機会に譲るが、実際に心理療法という営みに携わるならば、このような発言を無意味ないし非科学的として退けるのはあまりにも鈍感な感性であろう。このようになされる仏教への関心は、西洋にひたすら学んできたわが国の心理療法家たちにも共通して生まれてくる問題意識ではないだろうか。

しかし、このような関心は、ただ心理療法に一途に携わり、その技術や知識を学ぶだけでは生まれてこない。この問題の重要性は、心理療法をより広い視野に立って捉え、自らの営為を現代社会、とくに世界の先進諸国の社会状況（わが国を含め）との関連で見直してみることではじめて意識されることである。わが国で心理療法に携わる人々には、このような問題意識が少なすぎるように思われる。

先に挙げたフロムの禅に対する関心には、この問題意識が明確に打ち出されていたことで、多くの人々にその重要性を認識させる機会を与えたと考えられる。彼はそこで、現代社会における「個人の疎外」という現象を取り出し、それを一種の社会病理として捉えた。そして、現代人がそこから脱出するための解決策を模索していくなかで重要なこととして、強く「禅」への近親感や期待を表明したのである。

現在、そのフロムの著作から四十年以上が経過したわけだが、その主張はいま顧みても、まったく意味を失ってはいない。むしろフロムの指摘した現代社会の病理は、その後もますます拡大し、深刻さを増しているように思われる。「霊性《スピリチュアリティ》」という用語は、フロムの時代にはほとんど使われなかったが、近年の頻用状況を見れば、フロムが示した現代人の課題と同じものが、この言葉に集約されつつ、増幅されて多くの人々の意識の内側に浮かび上がってきているのである（第七章参照）。

現代社会に見られるこうした動きは、広く宗教一般への見直しという主題につながるものであり、とくに仏教だけに限られたものではないのだが、禅や仏教への関心は、とくに現代という合理的・科学的精神が行き渡った時代であるからこそ増大してきたという側面は注目に値する。というのも、禅や仏教の伝統的智恵の体系には、他の宗教とは異なり、必ずしも「宗教」として位置づける必要のない性格、いわば現代人によって受け入れやすい性格が際立って認められるからである。

四、仏教は宗教か、哲学か

わが国では、仏教と言うと即座に、何々宗といった宗派や職業的僧侶の姿などが思い起こされるからであろうか、一般にはいわゆる「宗教」というイメージが強く染みついてしまっているようだが、その点で西洋社会から見るイメージはかなり異なっているのかもしれない。しかしここではあえて、そもそも仏教は「宗教」なのだろうかという疑問を投げかけてみたい。本書が主題とする「禅」や「仏教」は、まずはじめに、現代の西洋社会に根づきつつある“Zen”“Buddhism”に視点を置くことから出発するもので、日本の伝統社会に染みついている「宗教としての仏教」ないし「信仰としての仏教」という要素を指すものではないと思っているからだ（それは日本では根づかないイメージだと言われるかもしれないが、現代では多くの人の一般的感覚に照らしても、今後このようなアプローチが十分に成り立つ可能性はあると私は思う。また、現代における計り知れない「仏教」の重要性と可能性は、まさにここにあると思うからである）。

仏教は宗教ではない、と声高に言うつもりはないが、二千五百年前に説かれたゴータマ・ブッダ[3]の思想や実践が「仏教」であるなら、それは、時代を経て神格化され堂奥に祀られた「お釈迦様」への信仰に基づく「仏教」とは異なるものであろう。ブッダが説かれた仏教の言葉を歴史的事実に則して捉えれば、そこに信仰体系としての要素を引き出してことさらに重視する必要はないように思われる。

歴史のなかで莫大な数の人々に慰めと救いをもたらしてきた信仰体系を軽視する気持ちはまったくない。だが仏教は、その起源に立ち返ってみれば明らかなように、ブッダというこの世に生を受けた実在の個人が、その並外れた才能によって到達し完成させた「人間のあり方や生き方」についての洞察（智恵）、あるいは学問の体系として見られるべきものであろう（仏教の基礎的考え方については次章で述べる）。

仏教が学問であるというなら、それは哲学と呼ばれる学問だと言う人がいるはずである。実際、「学問としての仏教」は、わが国でも従来から「印度哲学」という名のもとで大学などで教えられてきた。その深遠で緻密な知識集成は、いかにも「哲学」という名がふさわしいのかもしれない。しかし、「哲学」の本来の意味が「理性による叡智の獲得」を目指す学問であるとすれば、仏教という智恵は決して理性だけによるものではないという点で、哲学とは異なるものである。

また、それはさておくとしても、現代における「哲学」という言葉は、ブッダによって説かれた「人間のあり方や生き方」からは、かなり遠いものになっているように思える。仏教を象徴する僧侶や寺院はいま、あたかも葬儀や法要を営む専門職とみなされ、過去のすぐれた建造物の観光地でしかなくなっているといった状況が見られる。それと同じように、「哲学」という言葉にも、いわば「専門職化」した要素が強く、多くの人々にとって生きた意味が失われてきているように感じられはしないだろうか。

仏教を「哲学」という区分けで呼ぶことはいま——もちろん哲学としての仏教の発展には重要であるとしても——現代に生きる多くの人々にとってどれほど有益だろうかという疑問を抱かざるを得ない。この意味では、「宗教学」や「仏教学」という用語も同様であろう。

現代において仏教の本質を最も生かして考えることのできる分野、それは「心理学」ではないかと私は思う。わが国の仏教は、伝統的・慣習的に宗教であるという印象が強く染みついているためか、一般の人々にとっても、学問に携わる人々にとっても、なかなかこのような見方は広がりをもってこないようである。しかし、前述したように、仏教を外から見るというある種の「利点」をもつ西洋では、仏教を心理学として理解しようとするアプローチが、すでにかなり豊富に積み上げられようとしているのである。

『ダンマパダ（法句《ほっく》経《ぎょう》）』の冒頭をなすブッダの言葉を引用してみよう。

ものごとは[4]心にもとづき、心を主とし、心によってつくり出される。もしも汚れた心で話したり行なったりするならば、苦しみはその人につき従う。——車をひく（牛）の足跡に車輪がついて行くように。
ものごとは心にもとづき、心を主とし、心によってつくり出される。もしも清らかな心で話したり行なったりするならば、福楽はその人につき従う。――影がそのからだから離れないように。(36)（ブッダ『ダンマパダ』）

ここに明言されているように、仏教とは、何よりもまず人間の「心」を深く見つめたものと言うことができる。「人間のあり方や生き方」についての仏教という智恵、それは人間の「心」を深く見つめ、探求するなかから得られた洞察なのである。それは決して絶対的な神の仕業ではないし、そこに絶対的な存在や集団への信仰を説く要素があるわけでもない。そのような洞察の体系を従来の既成の枠組みに捉われることなく素直に見ることができるなら、それを「心理学」としてみなそうとする立場は、ごく自然に受け入れられる見方として評価され認められるべきことであろう。[5]

また、現代社会における仏教のもう一つの重要な要素は、それが「苦悩からの解放」をもたらすための実践的智恵であるという点である。「苦悩からの解放」という主題は、あらゆる「宗教」の特徴とも言えるが、仏教はそこで決して特定の個人や集団への帰依・信仰を強要するものではない。

ブッダが第一に述べたことは、あくまでもそこで苦悩の原因をよく見つめ知ること、そして「心」を見つめ直すことである。すなわち、解放は原因をよく知り、それを取り除くことによってもたらされる、ということを、明確に筋道を立てて――心理学的に――説き明かしたものなのである。

そのアプローチは、現代の医学（科学）のそれともまったく矛盾しない合理性に貫かれていると言ってよい。仏教は現代の目から見ても決して引けを取らないすぐれた「（精神）医学」であり、心を深く見つめる「心理学」、そして苦悩を解放するための「心理療法」なのである。

ブッダは実際、莫大な数の人々にきわめてすぐれた「心理療法」を行った偉大な「医師」であり「心理学者」であり、「心理療法家」であった。

五、心理療法の態度

ブッダが生きた時代には、もちろん現代に言う「心理療法」などというものは存在しなかった。だが、現代では「心理療法」という場に持ち込まれるようになった「心の病い」や「心理的苦悩」は――まったく同じようにとは言えないにしても――当時にもあったと考えられる。ブッダは、そのような問題を抱える一般の人々にも数々の心理的援助を行っていたという話が残されている。仏教という智恵の体系は、そのようなブッダの実際の経験からも磨き上げられ築き上げられてきたものではないだろうか。だとすれば、仏教には、（当時の）きわめてすぐれた「心理療法」の理論や技法が、一つに統合された姿があると言えるかもしれない。

ブッダの（臨床）心理学から二千五百年。現代の心理療法を眺めれば、その諸理論や技法は、とても一口でまとめられるようなものではない。たとえば行動療法と実存主義に立った理論や技法は、そこにまったく接点を見出すことも困難である。しかし、言うまでもないが、それが人々を苦しみや悩みから解放しようとする努力であるという限りにおいて、どれもみなその根底では共通点をもっている[6]。

ただし、この共通点の質は必ずしも一様ではない。これはその技法や理論の違い以上に、むしろ大きく異なっているとさえ言えるだろう。ここで言う質とは、心理療法に臨む治療者の態度ないし姿勢に関わるものである。

ユングの言葉を借りると、「心理療法というものは……二つの魂全体の間で行われる対決であり、ここでは、知識はすべて単なる道具でしかない(77)」。「治療者の態度は、その心理療法の理論や方法よりも明らかにより重要なのである(78)」。

治療は、治療者のパーソナリティ、人生経験やそこから生まれた価値観など、その他さまざまな要素によってかなり異なってくるものである。治療者のパーソナリティというものも、人生の途上で学んできたものによって大きな影響を受けて形成されてきたものであろうし、その影響は決して言葉で明確に表現されずとも、暗黙のうちに伝えられるにちがいない。

治療の質にとって治療者のパーソナリティや態度がもつ重要性については、近年になって行われたいくつかの科学的研究でも実際に観察され、確かめられてもいる。それらの研究によれば、心理療法の効果は、治療者が従っている治療理論にはほとんど無関係であるという驚くべき結果も見られ、学派の違いよりも治療者のパーソナリティがより重要であるといった見解も出されている(106、133、150)。

また心理療法というものが、個人と個人との間で行われる密室の営みであるという点を考えるならば、治療者が意識的・無意識的にもつ心理的態度には、とくに重大な注意が必要であることは言うまでもない。

良い例ではないかもしれないが、心理療法が単なるビジネスになりはて、一定の報酬を得ることだけを目的としてなされるようなことも生じうる。あるいはまた、自らの名声を高めるために、ある特定の治療技法や理論の有効性を盛んに世間に公表しようとするような行動も生じうる。これらは、治療者の倫理や道徳に関わる問題である。現代の心理療法にとっての仏教の重要性というものを考えるとすれば、それは第一に、この治療者の態度という点に、最も大きな関わりをもつであろう。

近年、心理療法と仏教の関係についての著作を発表したアメリカの心理療法家ガイ・ワトソンは、この点に関して次のような基本的スタンスを述べている。

仏教的な考え方や実践は、クライアントに対して明確な何かを与えるものや理論的枠組みになるものというより、治療者の仕事に対して暗黙に影響を与えることになる〝一つのアプローチ〟として息を吹き込むであろう(168)。

心理療法における仏教の位置づけについては、本書でもこのような見解を基本的態度として取っていきたいと思っている。つまり、本書は数々ある心理療法にまたさらに一つの新しい心理療法を加えようとするような性質のものではない。また、このような基本的態度は、クライアントが仏教の教えや理論を知ったり、それに共鳴する必要があると言っているわけではないことにも注意していただきたい。

ただ、治療者には仏教の考え方への共鳴的態度や、禅および瞑想などを含めたある程度の実践を是非勧めたいとは思っている。というのも、治療者の態度が心理療法に影響を及ぼす最も重要な要素であるとするなら、仏教の理解を深めることには、理論においても実践においても学ぶべきことが豊富に含まれていると考えるからである。決して仏教への帰依や信仰の必要性を述べているわけでないことは繰り返し記しておくが、仏教や禅の理解をより深く推し進め、そのことによって多少なりとも治療者の態度に変化がもたらされることを願うのが、本書の最も大きな目的の一つである。

実存主義の流れを汲む精神科医のメダルト・ボスは、二十年前の論文で次のように述べていたが、このことは心理療法にとって現在でも決して意味を失わない重要な意見であるように思われる。

(今日の)心理療法がとくに必要としていること、それは心理療法家たちの変化である。もしわれわれの精神保健に関する科学が、より効果を発揮するものになるとすれば、心理療法家が彼らの心理学的概念・技法の知識と黙想的自覚(気づき)とのバランスを取る必要がある。(32)

六、心理療法が目指すもの

実際になされる心理療法の目的は、クライアントの依頼によってさまざまに異なる。またそれを達成させようとする技法もさまざまであろう。高所恐怖の克服のための行動療法的アプローチがあれば、職場での人間関係に対処するための交流分析もある。不眠の解消を目的とした催眠療法があれば、また、ガンの宣告によって生きる気力を失った人との実存的カウンセリングもあるだろう。だが、心理療法を求める人々にとっては、その技法や理論や学派は本来重要なことではない。

人々が心理療法に助けを求めるのは、もはや自分では如何ともしがたくなっている何らかの感情的制約や行動的制約から自由になりたいからである。症状と呼ばれるものは、自分の力ではコントロールできなくなっている硬直した感情的・行動的反応パターンであるが、つねに繰り返されるこのパターンを変えられないことが、その人に苦しみを生み出している。それは自分自身が作り上げたものかもしれない。だが、自分にはその理由がわからない。そこから脱出する道が見つからず、自分ではどうしようもなくなっている。そこで人は、専門家に手助けを求めるのである。

心理療法を求める人々はみな、この苦しみを作り上げている「自分」を知る必要があるという気持ちを、どこかでもっているだろう。心理療法というクライアントと治療者との共同作業は、意識されようとされまいと、いつもこの主題を根底にもちながら行われている。このいまある「自分」

を知り、その「自分」から解放され、より良い「自分」になることが、心理療法において目指されていることである。そしてその手助けのために最善の方法を考え、実践し、培っていくことが、心理療法家の仕事であろう。したがって、心理療法に携わる人間は、「自分」というものをどのように捉えればよいか、「自分」とはどのようにできているのか、そもそも「自分」とは何だろうか、という問いに無関心でいるわけにはいかない。心理療法の実践や理論は、つねにこの問いを巡ってなされていると言ってもよい。

このことは、西洋の心理療法から生まれた心理学だけでなく、東洋のそれについてもまったく同じように当てはまることである。だが、この「自分」、あるいは心理学的用語では「自我」ないし「自己」という概念についての考え方は、これまで、西洋と東洋とでまったくと言えるほどに異なったアプローチがなされてきた。両者の違いを見てみると、第一に、西洋の心理療法では、何事に対しても個人を第一にしてそこから考えられるという点を挙げることができる。個人という考え方の誕生は、西洋文化が成し遂げた近代の革命的出来事であろう。というのも、近現代という時代はすべて、この考え方を基礎にして築き上げられてきたからである。科学というアプローチ、そして心理学という学問もここを出発点として発展してきたものである。

近現代という時代においては、人間が社会において個人という「自己」を「実現」すること、生を与えられた個人として責務を全うし、その能力を最大限に発揮できるようになることが目指される。したがって、その「成長」や「実現」を最善の方法で手助けすることが心理療法の目標である。

一方、東洋の伝統では、個人や「自己」の「実現」は、決してその目標とはされない。そもそも「自己」という概念は一種の思い込みなのであり、「自己」というものはない（「無我」）という自覚に至ることこそが、目指されることである（これについては第三章で詳しく触れる）。いわば、「自己」は「実現」されるものではなく、「超越」されるべきものなのである。

この東洋的考え方は、これまでの西洋社会ないし現代社会のなかでは、前時代的なもの、あるいは非合理なものとしてほとんど価値を与えられないできた。科学的アプローチが最重要視される現代にあって、それが見過ごされてきたのはきわめて当然のことであり、科学の一分科である心理学においても、このことはまったく同じである。

だが、ここに簡単に触れたように、東洋あるいはブッダの考え方は、西洋の近代的価値観とは根本からまったく異なった発想に立っている。それを前時代的なものと切り捨てることは簡単なことだが、これまで述べてきたように心理療法に携わる人間は、東洋やブッダの考えを決して無視することはできないはずである。

西洋と東洋の根本的アプローチの違いを見ると、それらは一見どこにも接点がなく、まったく相反する見解のようにも見えるが、決してそのようなことはない。本書全体がこの問題について考えながら進んでいくことにもなるのだが、次章ではまずその出発点として、私たち「仏教国」に住む人間にとってさえ馴染みのないものに思える、仏教あるいはブッダの「心理学」に焦点を当ててみることにしたい。

第二章　仏教という現代心理学

心理学や科学を学ぶ西洋の人間にとって新しい統合の時がやってきた。失われたバランスを取り戻すため、諸伝統文化の心理学に見られる考え方や概念を現代の心理学用語に〝翻訳〟するという、新しい統合をはじめる時代がやってきたのである。[115]

ロバート・オーンスタイン

心理学として仏教を捉え直そうとする視点は、残念ながらわが国などのいわゆる仏教国から出てきたものではなく、西洋社会から出てきたものである。というのも、そのような視点は、いまの西洋社会が発展してきた道筋のなかでこそ、いち早くその必要性が自覚されるようになってきたものだからである。

これは、学者たちによる専門的関心からなされはじめたという要素も見られるとはいえ、決してそれだけによるものではない。むしろそれよりも、広く一般社会からの求めを背景にして、大きく浮かび上がってきた現象と言えるようである。ここには仏教やそこにおいてなされる瞑想を、従来の宗教的救済の体系や技術としてだけでなく、心理療法としてみなす目が一般社会のなかに育ちはじめ、それらを実際に西洋心理療法の実践の場に役立てようとする試みがなされるようになったことが大きな影響を与えている。近年のアメリカなどでは、実際このような流れから、大学病院付属の「ストレス・リダクション・センター」といった医療施設などで、仏教的伝統に引き継がれてきた瞑想が指導されている様子も見られるようになっている[82]（第五章参照）。

このような現象がいまの社会に出現し育ってきた理由については、現代という時代の社会状況の変化から、いくつかの要素を引き出して考えてみる必要があるが、それについては後に章を改めて（第七章）少し詳しく検討してみることにしたい。

現代では、仏教がもつ「信仰や制度としての宗教」という側面を脇に置いてみるという視点が、多くの人々に可能になってきているという点、またそのような視点に立ってみると、仏教やブッダの言葉は、合理的・論理的・科学的思考を身につけた現代の人間から見ても、決して前時代的な非合理な考えではなく、十分に納得のいく形で理解できるという点を、ここでは強調して述べておこう。

本章では、いま述べたことが実際に可能かどうかという視点をつねに忘れずに保ちながら、まず仏教の基礎知識ないしエッセンス[1]を眺め渡しておきたい。そしてその過程で、仏教に見られるいくつかの特徴的側面を引き出し、それらに現代の心理学的理解を重視した捉え直しを行ってみたい。

一、仏教の基礎理論――四聖諦（四つの聖なる真理）

仏教には、現代の心理療法に見られるのと同じように、さまざまな「宗派」ないし「学派」がある。しかし、そうした各「学派」がそれぞれ立場を異にしているとしても、それらはみなブッダという一人の人間の言説や行動に由来するものであることに変わりはない。ここでは、現在の各「学派」間の違いに目を向けて複雑な議論をするのを避けるためにも、まずは、その出発点になったブッダ自身による言説に直接当たってみることで、「仏教の基本」を理解しておくことにしたいと思う（仏教の「四諦」をよくご存知の方は、本節を飛ばして先を読んでいただいて差し支えない）。

> 比丘らよ、生《しょう》も苦である、老も苦である、病も苦である、死も苦である、怨憎《にく》い人々と会うのも（怨憎会《おんぞうえ》）苦である、可愛い人々と離れるのも（愛別離《あいべつり》）苦である、求めるものを得ないことも（求不得《ぐふとく》）苦である、要するに取着ある身心環境（五取蘊《ごしゅうん》）は苦である、というのが苦に関する神聖なる真理である。
>
> つぎに比丘らよ、輪廻再生に導き、喜びと貪《むさぼ》りを伴い、いたるところで喜び楽しもうとする熱愛欲求――欲愛《よくあい》・有愛《うあい》・無有愛《むうあい》――なるものは（苦の原因であるというのは）苦の生起の原因に関する神聖なる真理である。

つぎに比丘らよ、右の熱愛欲求（渇愛）を残りなく離れ滅し、捨て遣《や》り、脱して無執着となることは（人生の真の理想目的であるというのが）、苦の滅に関する神聖なる真理である。

つぎに比丘らよ、正見《しょうけん》・正思惟《しょうしゆい》・正語《しょうご》・正業《しょうごう》・正命《しょうみょう》・正精進《しょうしょうじん》・正念《しょうねん》・正定《しょうじょう》という、この八つの部分からなる神聖なる道（八支聖道《はっししょうどう》）こそ（理想達成の方法であるというのが）、苦の滅に導く道に関する神聖なる真理である。（『初転法輪経《しょてんぼうりんきょう》』）[105]

これは、ブッダが成道の後に、はじめて説かれたという最初の説法で、五人の修行者（比丘）たちに向けて述べられたものである。初期仏教（原始仏教）の教説は、一般に「四つの聖なる真理」（「四聖諦《ししょうたい》」ないし「四諦《したい》」）であると言われているが、その内容はこの「初説法」のなかに凝縮されて簡潔に示されている。

ここではまず、人生は苦しみであり、その苦しみ、悩みにはどのようなものがあるか（「苦聖《くしょう》諦《たい》」）についての考察が述べられる。そして次に、その苦しみはどのような原因・理由から生ずるのか（「苦集聖諦《くしゅうしょうたい》」）、その苦しみを滅した状態とはどのようなものか（「苦滅聖諦《くめつしょうたい》」）、最後に、苦しみを滅するための手段・方法（「苦滅道聖諦《くめつどうしょうたい》」）が八つの正しい方法（「八正道《はっしょうどう》」）として順に説かれている（この内容はまとめて「四諦八正道」と呼ばれる）。

これは、今日の医師が、病気（苦悩）を扱う際のアプローチとしてみても、何ら矛盾点をもつものではないだろう。すなわち、まず病気としての苦悩を正しく知って診断し、その原因・理由を探求し発見し、病気を治すために理想の状態とそれに至る正しい手段・方法を見出して、苦悩のない健康な状態を得させるという手続きである。

そこには現代の科学的・医学的アプローチとまったく同様の、きわめて合理的な考え方が認められる。医学になぞらえて理解するなら、この「四諦八正道」の教説は、いわゆる「心の病い」の治療、つまり心理療法に当てはめて考えることができるはずである。

苦からの解放を目的とするのは「宗教」も同じとはいえ、このブッダの言葉のなかには信仰や帰依を説く要素はほとんど見当たらないことは、注意しておきたい点である。

1　苦諦

では、「四諦」のそれぞれについてもう少し踏み込んで簡潔に見ておくことにしよう。

まず第一の「苦諦」である。「一切皆苦」という言葉もあるが、この「苦」は「無常」「無我」とともに、仏教の最も基本的立場であると言われる（「三有為相（現象界における三つの姿）」）。

ただ、「人生は苦である」という命題については、これを真実とはできないという反論もあるかもしれない。

人生には確かに苦がある。がしかし苦もあれば楽もあるではないかと。それに、苦楽と言ってもその受け取り方は人によって違う。経済的にかなり困窮しているように見えても、そのなかで楽しく日々を過ごしている人がいるではないか。また、たとえまったく同じ環境にいたとしても、人によって欲望は異なるし、日によっても変わるだろう。それを苦と感じる時もあれば、苦と感じない時もあるではないか、などなど。

仏教はこの点で、時に「悲観的」「厭世主義的」な思想体系であるというレッテルを貼られるようなこともある。

しかし、ブッダの教説はすべて「縁起」と言われる関係性あるいは因果関係を文脈にもっていることを理解しておく必要がある。苦はあくまでも、苦が滅した理想の状態との関係で述べられているということである。四諦は苦しみ悩むことのない理想の境地（「悟り」ないし「涅槃」）があることを前提に述べられたものであり、その境地からするなら、「一切の現象はすべて苦（一切皆苦）」なのである。(105)

生まれること（「生」は「生きること」ではなく「生まれること」）、老いること、病いを患うこと、死ぬこと、これらはみな（凡夫にとって）苦である。そして、怨み憎む人々と会うこと、愛する人々と別離することも含め、求めるものが得られないことは苦であり、要するに一切の現象的存在（五蘊）は苦なのである。

ブッダがはじめて他者に語った「四諦」の教説には、仏教というものが、この苦の自覚を出発点にして、そこからの解放を目指し旅立つものであることが明瞭に示されている。

2　集諦

「四諦」の第二は「集」である。「集」とは「ともに起こる」「集まり起こる」という意味で、現象の発生集起の原因または理由を指す。経典に示されているように、ここでは苦の原因・理由として、喜びや貪《むさぼ》りを伴う愛（渇愛）が挙げられている。

愛は、欲愛《よくあい》（感覚的・物質的な欲求）・有愛《うあい》（来世の福楽を願う欲求）・無有愛《むうあい》（存在のない虚無を希求する欲求）の三種に分けられるが、ここで言う「愛」は、渇愛とも訳されるように、渇している人が水を求めるような「激しい欲求」を意味する。つまり、神の愛とか慈悲の愛などというものとは別のもので、実際には愛憎の念を指すものである。

好ましい対象に対しては愛着・貪欲の心を起こし、好ましくない不快な対象に対しては憎悪の心を起こすこと、それは理想の状態に進むことを妨げる心の作用、または性格・素質である「煩悩《ぼんのう》」を指すものでもある。

ちなみに「煩悩」の最も基本的なものは、「貪欲《とんよく》（むさぼり）」「瞋恚《しんい》（いかり）」「愚痴《ぐち》（おろかさ）」の三つ（「三毒」）であり、これに「慢《まん》」「疑《げ》」「五見」の七つが加えられて「十大煩悩」と呼ばれる。

「慢」は自分が他人よりすぐれているという慢心のことで、自己中心的なおごりの心、「疑」は善悪・因果・業報・三世・三宝・縁起・四諦などを疑うこと、「五見」[2]とは、身見・辺見・邪見・見取・戒禁取の五つの誤った見解（ドグマ）を指している[3]。

さて、煩悩についての説明を幾分詳しく述べたが、これらはすべて人間の「愛」、すなわち激しい欲求を言い表したものであった。つまり、これらは人間の欲求という心理学的要素の諸側面を抽出したものである。

人間の欲求あるいは欲動に関しては、フロイト以来、現代の臨床的心理学に豊富な知識の蓄積があることは言うまでもない。ただ、ここで煩悩として挙げられる欲求は、そのすべてが、あくまでも理想の状態に至るという目標との関連で、その妨げになる要素として挙げられることが特徴になっている。

仏教は単なる理論ではない。それは現代の臨床的心理学と同じく、実践に基づいて述べられたものであり、その実践のためのきわめて実用的な体系である。仏教が理想の状態として掲げる目標は、現代心理療法の目標とは質を異にするものかもしれない（これについては次章で検討する）。だが、人間の成長という点で見れば、ここに挙げられた「煩悩」という人間の心理学的諸要素を、現代の心理療法の観点から見直してみること、そして現代の心理療法にとってどのような意味をもつかと考えてみることは、大いに意義のあることである。

3 滅諦

第三に挙げられる「滅諦」では、理想のあり方が示される。渇愛や煩悩が滅すれば、それらの束縛から「解脱《げだつ》」した理想の状態が達成される。これは執着のなくなった自由無碍《むげ》の境地、すなわちいわゆる「悟り」を指す。

理知的な迷いである見惑は、四諦の道理などを理論的に理解することによって断ずることができる。この理論的な悟りは初歩のものとされるが、少なくともこれが得られなければ、聖者ということはできない。

また、見惑を断じても、情意的な迷いである修惑が残っている間は、習慣的な悪癖や習性などがまだ残存しており、最高の悟りには至ることはできないとされる。修惑は長期の習性による悪癖や傾向であるから、それを滅することはなかなか容易にできることではないが、長い間の修行期間によってその迷いが断じられるならば、悟りへの道が開かれるのである。

4　道諦

滅諦である理想の境地に至るまでの間に、種々の煩悩を滅するために修行する手段や方法が、第四の「道諦」である。経典には、「正見《しょうけん》」「正思惟《しょうしゆい》」「正語《しょうご》」「正業《しょうごう》」「正命《しょうみょう》」「正精進《しょうしょうじん》」「正《しょう》念《ねん》」「正定《しょうじょう》」の八つの「道」が挙げられている。

「八正道」は、欲楽や苦行というような極端を離れた「中道」であり、正しい悟りに導くための最も合理的な正しい方法であるとされている。八正道のそれぞれについては、簡単な説明を巻末の註に記しておく。[4] 八正道の理解にとって重要なことは、そのそれぞれが独立してあるものではなく、すべてが他のものに関係し、他から助けられるとともに、他に対しても補助し協力するという相互扶助の関係にあることである。

二、仏教の貴重な心理療法的要素

「四諦八正道」は、いわばブッダが示した「心理学」の基礎理論体系である。だが、仏教は、もちろん単なる理論的な知識の体系であるばかりでなく、きわめて実用的な実践の体系でもある。現代において仏教が見直されているのも、この理由によるところが大であって、それゆえにこそ、仏教を心理療法として新たな視点から捉え、現代に生かそうとする試みが大きな意味をもつのである。

もちろん伝統的に「宗教」としてなされてきた実践体系を、そのまま現代の心理療法として行うことはできないにちがいない。心理療法と宗教がたとえどれほど重なり合う領域をもつとしても、心理療法はどこまでいっても決して宗教ではないことを忘れてはならない。一言で言えば、心理療法は決して信仰の体系ではないということである。

信仰の治療的機能については、素直にそういう事実があることを否定するつもりはないが、具体的実践において、治療者やクライアントに合理的・科学的な批判精神が失われているようなことがあれば、それは心理療法と呼ばれるべきではない。仏教を心理療法とみなそうとする場合、この点は何度でも強調され、確認されなければならない。

しかしながら、仏教には、宗教的実践であるがゆえに持っていると考えられる心理療法にとっての重要な要素があることは、見逃されてはならないだろう。そこには、現代の心理療法にはない、いくつかの貴重な特徴を見ることができるからである。ここでは、ひとまず「戒律」「儀礼」「静寂」「瞑想」「祈り」をその大きな特徴として取り上げることで、議論を広げてみたいと思っている。

これらはみな「宗教」である証だと言う人もあるだろうが、それらをみな「信仰」に帰する必要はないと私は考える。むしろそれらを現代にどのように生かせるかと考えることができれば、それは計り知れないほど有益な作業になると思うのである。

本章ではこのような足場に立って、仏教という心理療法を眺め、とくに現代では見過ごされがちな仏教ならではの特徴を拾い上げながら、治療体系としての貴重な心理療法的要素を探ってみることにしたい。

1　戒律

仏教的実践の根本的枠組み「四諦八正道」の教説は、ブッダが成道の後にはじめて五人の比丘（修行者）たちに向けて説かれたものであり、いわば専門家向けに説かれたものであった。しかし、ブッダは一般の人々に対しては、必ずしもはじめからこの「四諦」を教条的に説きはしなかった。ブッダは、その時々の聞き手の能力に応じて誘導しながら、その理解度によって「四諦」の教えを説いていったと言われている。

この誘導手段は「次第説法《しだいせっぽう》」として定型化されている。現代の私たちにとって、そして現代の心理療法にとっては、「四諦」の教説のみならず、この「次第説法」についても知っておくことが重要であろう。

「次第説法」とは、第一に「施論《せろん》」（施しの話）、「戒論《かいろん》」（戒律の話）、「生天論《しょうてんろん》」（施と戒による生天の報果の話）の「三論」を説き、第二に諸欲の過患《わざわい》と離欲の功徳を説き、第三に仏教独自の「四諦八正道」を説くものである。(105)

「施論」とは困窮者や宗教家などに対して施しをなし、慈善の行為をなすことの話、「戒論」とは、殺さず、盗まず、嘘つかず、姦淫《かんいん》せず、飲酒せずといったいわゆる「五戒」などの戒律道徳に関する話、「生天論」とは、施与慈善や戒律道徳などの善事を行うならば、その結果として死後には必ず天国に生まれて幸福になることができるという話である。

ブッダはこのような「因果業報説」も知らないような人のためには、まずこの「三論」を説いたとされている。この「三論」といわれるものは、現代の合理的精神に立つ常識からすれば、首をかしげるような面もあるにはちがいない。また、それは信仰に導く教えでしかないと極論する人があっても驚くには当たらない。ましてや、それらはみな心理療法とは何の関係もないと言う意見も当然あることだろう。

一般的に、「宗教」と呼ばれるものには、「戒律」が存在する。それは「信仰」にとっては絶対的なものである。しかし、そのなかには現代の合理的精神を身につけた人間にとっては、盲目的に守られねばならない教えとして受け取るのは困難なものもある。過去の時代には「戒律」という形で示される必要があった、ということもあろう。それらに対しては、現代の知性から客観的・批判的に判断されればよい。しかし、だからといって戒律に意味がないと言うことはできないと考える。

ブッダが「三論」をまず説いたのは、「四諦」という真理に人々を導くためであった。というのも、「四諦」を知識として知ることは簡単でも、それを本当に理解するためには、その理解に導かれるための体験的基礎や体験的理解が必要になるからである。戒律のなかには、現代では無意味とされるものもあるかもしれないが、それらを「四諦」などの道理を理解するための体験的基礎として捉えることは、意義あることではないかと思う。

そのように見て「三論」を捉えるなら、現代における戒律の意味は次のように考えてもよいであろう。それらは、自分のライフスタイルや社会的行動、自分の知覚や認識のあり方に、反省の目をもつきっかけを与えてくれるものであり、毎日の習慣、仕事、遊び、食事、睡眠など、何気なく行われている行動に自覚をもって接する態度を与えてくれるものだと。

戒律に照らして日常生活における自分の行動への注意が配られるなら、その時々に内面への反省がなされる。そしてそのことによって、自己へのより進んだ自覚が培われることにつながるからである。

「四諦」への深い理解は、このような態度が身につけられることによって進められるにちがいない。また、「三論」の次に説かれる「諸欲の過患や離欲の功徳」も、ただ道徳的価値観を教え説くだけでなく、より深い体験的理解に導かれるための道程として説かれるものでもあると考えれば、現代の合理的知性から見ても、決して納得できないことではないだろう。

仏教を心理療法として捉える実践においては、戒律も決して無視されてはならないものと考えたい。そこに潜む有益な要素を引き出して考えることは、現代に生きる人間にとっても、決して無意味なことではない。

2 儀礼・静寂

これもまた、「宗教」なればこその要素だと現代人は言うであろうが、現代の知性からみて価値を顧みられなくなったものとして、「儀礼」という要素もまた非常に重要であると考える。儀礼というものの価値は、心理療法にとっても決してないがしろにされてはならない重要性をもっており、それは現代においてこそ引き上げられる必要があるのではないかとさえ思える。

合理的精神が行き渡り、宗教が形骸化した現代の生活には、儀礼がもっていた価値はますます薄れるばかりであるが、それとともに生の意味までも、ますます薄っぺらなものになっていはしないだろうか。

儀礼ないし儀式は、意味のない単なる形式的行動ではない。それらは、それを執り行う人間という存在が、心をもつがゆえに生み出された行為である。大いなるものへの畏怖、生命に対する敬虔な気持ち、自然や存在への感謝、宇宙の神秘に触れたときの戦慄……、人間はこれらの心を行動にして表現してきた。儀礼とはこうした人間の心が生み出した行為なのである。

存在の神秘に心打たれる時、人は自然に普段とは違った振舞いをするだろう。思わず手を合わせ地面にひれ伏すような気持ちになる時、そこには儀礼的行為が自然に生じてくる。

儀礼がこのように生み出されたものであるとするなら、それは必要があって生み出されたものと言えるのではないか。宗教といわれるものはすべて、この儀礼的行動を大切に引き継いでいるもので、仏教も決してその例外ではない。現代社会に見られる宗教の形骸化の流れは、この儀礼的行為の価値をもなくしてしまったが、果たして儀礼は、もう人間にとって必要のないものになったのであろうか。

先に挙げた畏怖、敬虔、感謝、戦慄などは、確かに現代社会では深く体験されることはないかもしれない。しかし、引き継がれてきた儀礼という行為を通して、今度は逆に、人はその価値を再発見できるのではないか。その心はいつの時代でも人間の中にあるはずだ。儀礼という行為は、それを行うことによって、それを生み出した心を引き出してくるにちがいない。

現代社会においてなされている心理療法は、儀礼のこのような重大な価値をまったく見落としているように思える。もし儀礼が人間の内奥に眠る大切な心を表面に引き出す力をもつとすれば、その要素は現代の心理療法において積極的に利用されるべきものである。

儀礼はたいてい、深い静寂のなかで執り行われる。この静寂という要素もまた、現代の心理療法が見落としている重大なものである。内面の心を見つめようとする作業には、静寂の時がきわめて重要な意味をもつ。

心理療法を求める人々の心には、苦悩や不安の種が渦巻いている。それはあたかも濁った泥水のようなものである。泥水の中にいては、そこから見える世界も視界の悪いものになっているだろう。しかし、泥水は静かにそっとして置かれれば自然に、渦巻いた泥やごみを沈殿させながら澄んでいく。

静寂は、心の渦巻きを沈め、心を澄み渡らせ、泥やごみという濁りのもとを見やすくしてくれるものになる。現代の治療的環境でこの静寂を保つことは、なるほど困難かもしれないが、そうした要素が心理療法にとって重要であることは忘れてはならない。現代の治療環境は、このことに対してあまりにも無神経なように思える。

3　瞑想

静寂を大切にしてなされる仏教的実践のなかでも、最も重要なものが「瞑想」である。最も重要というのは、仏教にとって重要というだけではない。瞑想は、現代の心理療法にとっても、これからは最も重要な実践法の一つになると私は思っている。

本章ではこれまで、仏教の根本教説である「四諦」を中心に取り上げながら、仏教を現代的に心理療法として捉え直すための考え方を探ってきたのだが、「四諦」の重要性は、その考え方もさることながら、「八正道」という実践にこそあると考えられる。八正道とは前述の通り、正見・正思惟・正語・正業・正命・正精進・正念・正定の八つの実践である。

これらは、すでに述べたように、それぞれが他のものに関係し、相互に補助し協力するという関係にある。すなわち、そのなかのどれか一つを熱心に行えばよいという性格のものではない。だが、八正道のそれぞれを生かすためには、その基礎になるとも言えるような精神鍛錬の実践がある。それが正定、つまり「瞑想」の実践である。物事を正しく見て、正しく考え、正しい道を歩むためには、正しい定《じょう》、すなわち「瞑想」の実践が、日々その基礎で行われながら歩まれることが大切であり、仏教の実践にとってそれは、不可欠の基礎的訓練なのである。

しかし、瞑想を伝統的な仏道修行の一つとして実践することは、現代社会の一般の人にとっては、必ずしも大きな意義をもたないだろう。瞑想が現代に生きるのは、おそらく心理療法として見直される時であるというのが本書の立場である。

瞑想はすでに現代社会のさまざまな場所で行われており、とくに西洋社会では、実際に心理療法として応用されてきた実績が多く積み重ねられようとしている。そうした試みが行われる中で、瞑想については、現代の医学や心理学からの科学的研究も数多くなされてきている。これらの諸研究やそれらに基づく議論については、第四章で改めて見ていくことにするが、ここでは、本書が使用する「瞑想」という言葉自体の取り扱いについて、少しだけ触れておくことにしたい。

■「瞑想」とは何か?

前章も含めてここまでは、仏教においてなされる修行の一つとして、とくに説明もなく「瞑想」

という言葉を使ってきた。しかし、実際「瞑想」と聞いて、読者の方それぞれは、どのようなものを思い描かれるだろうか。

日本人ならばおそらく、多くの人が即座に「座禅」する姿をイメージされるのではないかと思う。寺や仏教などとはまったく無縁に育った人でも、またそれを実際には一度もしたことなどなかったとしても、禅寺で修行する雲水たちが、背筋をピンと伸ばし、引き締まった表情で端座する様子は、私たちの記憶の片隅に子供のころから馴染み深い光景になって残っているはずである。

「瞑想」という言葉は、本書でももちろん、この「座禅」を最も代表的イメージとするような、人間のある種の実践的営みを指す言葉である。

ただし、参考までに「瞑想」の意味を辞書に当たってみると、「目を閉じて静かに考えること」とあるのが一般的なようである。「冥」には、暗い、光明がない、夜、闇、深い、遠い、奥深いところ、黙る、黙して思いに耽る、隠れる、暗黙のうちに意思が一致すること、神の名、目を閉じる（＝瞑）などの意味がある（大修館書店『大漢和辞典』）。

そう考えると、この「瞑想」という日本語は、「座禅」などの伝統的宗教の修行法とは関係のない言葉だったのかもしれない。実際、仏教の伝統のなかにも、この「瞑想」という言葉自体は見当たらないようである（強いて挙げると「完成を目指す方法」という意味のヴァーワナ〈Bhavana〉という言葉が「瞑想」に当たるものとされている）。

語源はさておき、現代社会のなかで使われている「瞑想」という言葉は、まず「座禅」のイメージを真っ先に私たちに呼び起こすとしても、それだけでなく、さまざまな要素を含んでいる。

■瞑想とメディテーション

「メディテーション」という言葉はどうイメージされるだろうか？　このカタカナ言葉が近年多く使われているのも、きっとどこかで耳にされたことがあるはずである。言うまでもなく現代の「瞑想」という日本語は、この"Meditation"という英語の訳語としても広く使われているものである。

この「メディテーション」という言葉、これは近年の西洋社会ではかつて見られなかったほどに、使用頻度を増加させている。ほんの一例だが、先日ふと衛星放送で流れるアメリカのニュースを見ていたら、「深く長いメディテーションから覚めて、ついに動き出した活動団体」といった使い方で、キャスターが話しているのを目にした。このように、「メディテーション」は非常に幅広い意味をもたされ、徐々に社会のなかにも浸透してきているようである。ますますスピードを増しながら世界規模で情報が飛び交うこの時代のなかで、「瞑想」という言葉は、外国からも、さまざまな媒体《メディア》を通して浸透してきているのである。現代において使用される「瞑想」という言葉には、このような形も取りながら、もともとの日本語としての意味に加えて、徐々に定着しはじめた外来語としての要素も、色濃く重ね合わされているように思われる。

すでに第一章で述べたように、この「瞑想」は、西洋社会に東洋宗教が広がっていった過程で、

「禅」のみならず、他の仏教、すなわちチベット仏教や東南アジアなどに広がったテーラワーダ仏教などにおける「意識鍛錬」のための諸種の方法までを含めて、そう呼ぶようになった言葉である。本書が取り上げようとしている「瞑想」は、この現在の西洋社会で使用される「メディテーション」を念頭に置いているものであり、近年の世界的な場で使われるようになった、きわめて幅の広い使用法であることをお断りしておきたい。

その意味で、本書で使用されている「瞑想」が、必ずしも「禅」の伝統に連なる「座禅」を意味しない部分もあることを書き添えておく。瞑想を現代的にどのように定義するかという問題については、他書で詳しく述べているので[9]、本書では触れないことにするが、この「瞑想」という現代の用語の使用によって、本書のような視点やアプローチが生まれてくること、そしてそれが仏教という「宗教的伝統」に対しても、新しい切り口を生み出す可能性が期待できることを、ここでは強調して述べておきたい。

4　祈りと慈しみ

仏教だけではないが、「宗教」と呼ばれる実践に共通する本質的要素として、「祈り」という人間の重要な心理的営みを取り上げることもできる。これもまた、合理的・科学的態度が支配的になった現代が、長い間片隅に追いやってきた人間のすぐれた活動の一つと考えられる。

心理療法と「祈り」は、一見すると、何の関係もないように思えるかもしれないが、現代人が忘れ去ってきた心理的営みとしての「祈り」には、現代の心理療法においても見直されるべき重要な要素が多分にある。というのも、次に述べるように、「祈り」という行為には、現代人に希薄になってきた「思いやり」や「慈しみ」という、人間の大切な心を培うきわめて重要な意義が含まれていると考えられるからである。

昨今では、（とくにわが国の若者たちの）「思いやりの希薄化や喪失」といった事態が、心理学的研究によっても明らかにされており、そこでは「思いやり意識」を育むための「教育」の重要性が強く叫ばれている[11]。そのような研究結果などに触れると、誰しも将来の次の世代に対して大きな危惧を抱かざるを得ないが、若者を通して浮かび上がった「思いやりの喪失」は、決して若い人たちだけの問題ではないはずである。そこには、私たち成人が作り上げている「（精神）文化」の変化が大きく浮き彫りにされており、私たち全員が「襟を正して」かかる必要が示されている。ここに代表されるような現代人（とくにわが国）の問題は、教育の必要性を叫ぶ以前に、広く現代社会の精神文化全体の反省を要請するものではないのか。

心理療法の実践は、その理論や技術の習得以前に、何よりもまずこの「思いやり」という要素が基本に置かれなければ成り立たないであろう。いかにすぐれたテクニックがあったとしても、治療に携わる人間が「思いやりのない人」であるとすれば、その結果は見るまでもない。もし現代人に総じて「思いやり」が希薄になってきているというのなら、そこでなされる心理療法には大きな期待はできないことになる。それゆえ、この「思いやり」を養い培うことは、とくに心理療法に携わる人間にとって重要になるであろう。

ブッダは「あたかも、母が己《おの》が独《ひと》り子《ご》を命を賭けても護るように、そのように一切の生きとし生けるものどもに対しても、無量の（慈しみの）こころを起すべし(35)」と弟子たちに教えていた。「慈しみ」の心とは、母親が自分の子を命がけで守る時に見られる人間の真剣な美しい心である。その心をもって、あらゆる人々、あらゆる物事に向かうことが、仏教の実践なのである。

「瞑想」も、仏教という「慈しみの文化」装置の中で行われることによって、はじめてその真の存在意義を発揮する技術として捉えられねばならない。それは、数千年の長きにわたって伝承されてきた「（精神）文化」の中で、「思いやり」や「慈しみ」を養い培うためのすぐれた技術として存在してきたものなのである。

「思いやり」や「慈しみ」は、「教育」によって、というより、「文化」によって暗黙の内に伝えられてきたものであろう。とすれば、それを言葉や知識で理解し身につけることは、不可能ではないが困難である。それは生を受けてその人が出会った文化のなかで、自然と身につけられていくものと考えられる。

「思いやり」という言葉は、一般的には主に他者に対して使われるものとして、「慈しみ」よりも、より個人的な色彩を帯びているようにも思える。だが、この両者には、本質的な違いはないと考える。「思いやり」がより深く培われるならば、「慈しみ」の心が自然と身に備わってくる。そして「慈しみ」の文化に触れることによって、「思いやり」はより一層強く、個人の中に養われていくはずである。そう考えれば、仏教はじめあらゆる「宗教」のなかで大切にされてきた「祈り」の実践は、現代の「宗教をもたない人々」にとっても、大きな価値をもって目の前に浮かび上がってくるのではないだろうか。

いわゆる「修行」生活の意味も、それは、決して僧になる人々に重要であるだけでなく、多くの人々にとっても有益なものとして考えられる。僧堂などで行われる本格的な修行生活の意味については、第六章の「共有空間に対する意識」のところで取り上げているので、参照願えれば幸いである。ここでは、その「修行」も含め、禅の実践において最も重要なものの一つとして、「誓い」という要素を引き出しておくことにしよう（「四弘誓願《しぐせいがん》」）。「瞑想」は、このような「誓い」（祈り）を胸に抱いて行われる営みなのであり、いま述べたような考え方で見れば、そこに新たな視点から捉えられる貴重な意味が見出されるからである。

衆生《しゅじょう》 無辺誓願度《むへんせいがんど》：衆生の数は無限であろうとも、必ず一切を救おうと誓願する。
煩悩《ぼんのう》無尽誓願断《むじんせいがんだん》：煩悩の数は無数であろうとも、必ずすべてを断ち切ろうと誓願する。
法門《ほうもん》無量 誓願学《むりょうせいがんがく》：仏陀の教えは無尽であろうとも、必ず学び尽くそうと誓願する。
仏道《ぶつどう》無上 誓願成《むじょうせいがんじょう》：仏教の道は無常であろうとも、必ず成就しようと誓願する。

このような深い思い、すなわち「祈り」を成り立たせる底辺にある人間の感情が、「慈しみ」と呼ばれるものである。禅は、この「誓い」を携えながら伝えられてきた文化である。それは現代においても決して失われることなく、多くの人々によって大切に守り続けられ、より多くの人々が、その精神（慈しみ）に「気づく」日を待ちながら存在し続けている。

必ずしも禅や仏教に限ってそれを薦めるわけではないが、現代に「思いやり」を回復させるには、このような「慈しみの文化」「祈りの文化」を新たな目で再評価することによって——ただ信じる（信仰する）というのではなく、知的にも十分納得いく形で取り入れることによって——その大切な価値を、私たち一人ひとりの失われた心の領域に取り戻すことが求められているのではないだろうか。

仏教の価値や「祈り」の価値は、この点において、現代人すべてにとって、そして現代の心理療法および心理療法家にとって、きわめて重要な意義を担っている。

三、仏教および禅の基本的考え方（態度）

仏教の「基本」は、「四諦八正道」に凝縮されていると言えるが、仏教全般を広く知るには、その「基本的考え方」や「基本的態度」と呼べるような要素についての知識を、若干補足しておくことが有意義であろう。

日本人ならばおそらく、多くの人が「言葉だけは知っている」ような仏教用語はたくさんあるはずである。すでに述べてきた「苦」「煩悩」「解脱」などの言葉以外にも、仏教といえば、「無常」「無我」「無」「空」などが重要なことは、多くの人がよく知っている。

ここでは、それらについての知識を一通り得ておくことを目的に、「諸行無常」「諸法無我」「己事究明」の三つの熟語を取り上げてみる。これらに目をやることで、さらに幅広く、仏教一般の知識を知り、今後の心理学的理解にも役立てられる下地を築いておくことにしたい。

1　諸行無常

「苦」「無常」「無我」は、仏教の基本的立場としてしばしば挙げられるものである。「苦」については「四諦」のところで詳しく見てきたので、ここでは「無常」と「無我」という基本的考え方（態度）を見ていくことにしよう。

「諸行《しょぎょう》無常《むじょう》」とは、すべての現象界は、不生不滅の常住不変のものではなく、つねに生滅し変化するものであることを意味する。諸行無常の「行《ぎょう》」は、インド語でサンカーラ（サンスカーラ）と言い、生滅変化するすべての現象を意味する。わが国の昔からの考え方には、諸行無常というと「むなしい」「はかない」といった厭世的・絶望的な意味が伴うことも多いようだが、それは「無常」の本来の意味とは異なる。

「無常」とは、私たちの心が絶えず動いていること、世の中が絶えず変化していること、自然界も絶えざる運動のなかにあり、天体・宇宙も絶えることのない変化のなかにある、ということを示した仏教の根本的考え方（真理）である。[5]

2　諸法無我

もう一つの重要な基本的考え方は、「無我」という立場である。「諸法無我《しょほうむが》」とは、すべてのものに実体・本体を見ないことを意味する。仏教で「諸法」とか「一切法」とか言われる場合の「法」は、物や心などの現象的存在すべてを意味する用語であり、「諸行無常」の「諸行」と同じ意味と考えてよい。

「無我」は前節で述べたように、実体がないという意味である。「仏教は無我にて候」という言葉もあるように、仏教とは何であるかということを一口に言うならば、それは無我の実践を説くものであると言うこともできる。(105)

「無我」は主として原始仏教や部派仏教で用いられるものだが、大乗仏教ではこれを「空」の語で表現することが多い。つまり、「無我」と「空」とは同じ意味内容のものであり、中国の禅宗などではこれが「無」という言葉でも表現される。ちなみに、「空」や「無」は、時に、虚無という意味を伴って理解されることがあるが、これは誤りである。

「無我」や「空」は、理論的には、それ自身の決まった性質がなく、固定性がないということである。すべての現象的存在は永久に不変ではなく、そこに固定した性質や状態はない。「無我」つまり実体のないものを実体的な「我《が》」であると誤解し、これを不変の実体として固執するから、それが変化したり衰滅した時には、期待が裏切られ、苦悩が生ずるのである。[6]
心理学的立場から見るなら、この「無我」という概念は、東洋あるいは仏教独自の考え方として、決定的に重要な意味をもっていることになる。西洋心理学は「自己」や「自我」の概念を中心に組み立てられていると言ってもいいほど、これらを重要な位置に置くものだが、それらがすべて実体のないものであるという「無我」の考え方は、その根本の発想から、西洋心理学とは異なるものと考えなければならないからである。
「自己実現」などの用語で示される現代の心理療法の目標も、仏教つまり「無我」の立場に立つならば、決して満足できる十分な意味をもたないことがわかるはずである。仏教の考え方からすれば、「自己」もまた「無我」であることが知られなければならないからだ。それを実体とみなす視点そのものを超えた立場を目指すのが、仏教という心理療法なのであり、そこでは、「自己」は実現されるものではなく、乗り越えられるべきもの、いわば「超越」されるものという言い方もなされる所以である。

3　己事究明と十牛図

「己事究明」については、特別の説明は要しないだろう。仏教的実践の目標は、「己事究明」すなわち「自分を知ること」「きわめること」である。[112] これはとくに「禅」の伝統では明確に強調される仏教の基本的態度であり、「四諦」などの理論的基礎以上に、その実践においては、つねに根本に置かれる重要な指針である。

言うまでもなく、「禅」とは座禅を中心に置いてなされる伝統的修行体系であるから、現代の一般的社会生活を営む人々に、そのまま当てはめられるものではないかもしれない。しかし、それは「自分を知りたい（己事究明）」という気持ちをもつ人々すべてに、多くの豊かな智恵を授けてくれるものであろう。確かに、本格的に「道を求める」厳しい修行は、普通の生活をしている人間には無縁の、特別のことと思われるかもしれない。

だが、「自分を知ること」は、日常の些細な場面でいつでも起こっていることである。ただ、普段私たちはそれによく気づけないだけである。言い換えると、気づけるようになる目が養われていないのである。禅や瞑想は、その目をより深く養い培っていくためにあるものと言ってもよい。禅では、それを養っていくための専門的訓練が長い間大切に守られ、伝えられてきたのである。私たちは、禅の僧侶を目指しているわけではないのだから、本格的な厳しい修行を続ける必要はない。だが、その訓練を、たとえ短い時間でも、何らかの機会に持つことは、必ず有益なものが得られるはずである。

決して禅や瞑想が必要不可欠というわけではないが、その目が少しずつ養われるならば、普通の社会生活のなかで、自分を知る機会はいくらでもあるはずだ。たとえば、やっかいなことに出会って苦労した時「自分はいつも楽をしようとばかり考えてきたんだな」といった小さな「気づき」でもいい。「自分を知ること」はそこにあると言えるだろう。

その小さな気づきの積み重ねと継続のなかで、自己探求の道程は深められ広げられていく。禅の伝統には、「本来の自己」を探していく過程が描かれた十枚の絵が古くから伝えられてきたが、そこには、この「己事究明（自己探求）」の道程が描き出されている。(2)絵は、牧童《ぼくどう》が失った牛を探していくという一連のドラマになって描かれ、そこに登場する牛が、「本来の自己」ないし「真実の自己」を表すものとされている。仏教を心理療法として見る場合にも、ここにはきわめて貴重な「心理学的」ヒントが無尽蔵に隠されている。

ここでは、この「十牛図」を仏教の基礎知識になる「自己探求」の旅の「地図」が示されたものとして捉えてみたい（「十牛図」そのものについては、多くの解説書が公刊されているため、本書ではあえて取り上げないことにした）。

「十牛図」が示しているのは、「牛」はいつもそこにいる、ということであろう。どんな小さなことでも、自分に気づいた時、そこで人は「牛」と出会っている。「十牛図」は、その一つひとつの「気づき」を大切にすることを教えてくれているのである。人間の幸せ、つまり「心の豊かさ」とは、「自分を知ること」であり、「本来の自己に出会うこと」なのだ。人生とは、「己事究明」の旅であり、その意味で、生きている限り、自分の心理療法を行い続けていくことだと言ってもよいであろう。（西洋）心理学も同じく指し示しているように、その目標は「自己実現」に向かって歩んで行くことにある。

本当の自分を求め続ける旅は、「十牛図」に描かれているように、いかにも困難な、また遙かな道程であろう。しかし、人生の目的や価値は、その旅を続けていくことにある。どんな仕事を選ぼうと、どんな人生を歩もうと、その旅で出会う一つひとつの貴重な瞬間に、注意を怠らず、「手綱」をしっかりと締めて歩いて行くことの大切さを「十牛図」は教えてくれている。

どのような道を歩もうと、人間の生にはそれを目指して努力する気高い目標があるはずだ。だが、現代の精神文化は（とくにわが国の場合など）、そのことを重んじてきた先人たちのすぐれて美しい文化を、いつしか目に見えないような片隅にまで追いやってきてしまったように思われる。「己事究明」を深めていきたいという願い、そして、より多くの人に役立つことのできる人間になろうと目指して生きることの重要な意味。禅の伝統は、それを、ひたすら多くの人のために、つまり人類全体のために、しっかりと守り続けてきたのである。

第三章　西洋心理学と仏教

西洋の文化の根源はギリシャもヘブライも人生の目的を人間の完成に置いたが、現代人は物の完成と、いかにしてそれを造るかの知識に第一の関心を寄せている。西洋人は感情経験に対し精神分裂病的無能力の状態にある。それで彼は不安であり、憂鬱であり、絶望的である。彼は幸福とか、個人主義とか、主導性《イニシアティブ》とか、立派な口先だけの目標は掲げるけれども、本当は目標がないのである。何のために生きているのか、彼のあらゆる努力の目的が何であるかと尋ねられると、――彼は当惑するに違いない。ある人は家族のために生きているとか、またある者は「楽しむために」とか、またある者は金を儲けるためとかいうだろうが、実際のところ何人《なんぴと》も何のために生きているのか知らないのである。彼は不安と孤独を逃れようとする要求以外には目標をもたない。[152]

エーリッヒ・フロム

仏教に強い関心を寄せる心理療法家たちがいま増えているのは、彼らが行っている仕事との関わりを実際に密接に見出しているからである。現代では、「宗教の形骸化」や「哲学の専門職化」などから、仏教に新たな目が注がれ、それを心理学として捉える視点が求められていることについては、第一章で述べたが、仏教と西洋心理学との接点を追求し、両者のより深い交流を求める動きが、実際の臨床活動からの関心としても高まってきているという点には、是非注目してほしい。

本章の題辞に引用した言葉は、エーリッヒ・フロムが一九六〇年に記したものだが、示された状況は四十年以上経った今でもほとんど変わることなく、現代人の精神のあり様を示しているように思われる。またそれは、現代のわが国においてもそのまま当てはまることに異論はないだろう。フロムは、こうした時代のなかで心理療法を求める人々の種類がかなり変化していることを指摘して、次のようなことを述べている。

今世紀はじめのフロイトの時代、精神科医のもとを訪れるのは、強迫行為などを代表とする諸「症候」に悩む人々がほとんどだった。それゆえ、こうした人々にとって心理療法（精神分析）は、彼らの症状を取り除き、社会的に働けるようにすることを目指す治療法であった。しかし、そうした人々は今日では少数派である。現代ではそれに代わって新しい患者、つまり時代状況と関連した不安や、内面的な生命の喪失といったものに悩む人々が増えている。

この新しい患者たちというのは、気が沈むとか、不眠、結婚生活がうまくいかないとか、仕事がおもしろくないなどを悩みに訪れ、そうした悩みが取り除かれるならば、よくなると信じている人々である。彼らは自分たちの問題が、本当はそのような悩みの問題ではないことをわかっていない人々である。そして、自分たちが本当に何を悩んでいるのかを知らずに、心理療法家のもとを訪れているのである。

フロムによれば、こうした種々の悩みというものは、自分自身からの疎外、自分の仲間からの疎外、自然からの疎外を意識的な形で表現したものである。彼らは、ありあまるものの最中で生活しながらも、本当に生きていないこと、本当の喜びがないということを表現しているのだと言う。

このような意見は、それがどのような形であっても、現代の心理療法に携わっている人であれば、十分に納得のいくものであろう。二十余年ほどの短い期間ではあるが、私の精神科医としての臨床経験のなかでも、近年ではとくに、そのような人々が増えてきているという実感を強くもつ。

フロムは、それを「世紀の病気」と呼んだが、現代という時代と関連して現れてきたこのような状況に悩む人々に対しては、心理療法の意義は昔とはかなり違うものに変化してきているにちがいない。つまり、心理療法が提供する助けは、症候を取り除くという「治療」とは違うものであり、また違ったものでなければならないのである。疎外に悩む人々にとって、治癒とは病気がないということではなく、最良の状態（well-being）を達成するということなのである。[152]

このような観点に立てば、現代の心理療法には、明らかに初期の精神分析などとは治療目的を異にした、理解（心理学）や技法が要請されていることになる。フロムが精神分析的立場から禅に接近したのも、この理由からであろう。彼は実際、鈴木大拙との交流を通して禅についての深い理解を示し、精神分析と禅、すなわち西洋の科学的アプローチと東洋の宗教的アプローチとの統合を目指して、きわめてすぐれた心理社会学的議論を後世に残している。

このフロムの見解については、先駆的な研究として、本書のなかのそれぞれ該当する個所で参照しながら、検討していくつもりである。フロムの努力以来、西洋心理学と東洋心理学との交流は、いまもますます盛んに進められている。本章では、こうした両者の接点において重要となる考え方をいくつか拾い上げ、立ち止まって考えながら、現代の心理療法としての仏教への理解をさらに深めていくことにしたい。

一、「自我」をめぐる問い

西洋の心理療法は、諸々の精神機能をコントロールし、統合する主体としての「自我」の強化を強調する。フロイトの精神分析の原理は、有名な「イドがあったところにエゴ（自我）がなる」という言葉で簡潔に示されるように、強力な自我を培い、理性によって非合理的・無意識的な感情や衝動を支配すること、そして上位自我（超自我）から自我を独立させ、その観察の範囲を拡大することにある。

一方、それとは対照的に――第一章と第二章の終わりのほうでも簡単に触れたように――仏教の「無我」の立場では、この独立した防衛をつかさどる「自我」は、いわば幻想であり、実体のないものであり、つまるところ不必要なものであるとされるのである。

果たしてこの両者の立場に接点はあるのだろうか。一見すると明らかに対立するように見える両者の間には、表面的な違いを超えて理解できるような共通した地平を見出すことができるのだろうか。

この問題は、簡単に素通りすることの許されないきわめて重要な問題である。というのも、この問いは、本書全体にとっての基礎をなす心理療法の目的という重大な点に関わるからというだけでなく、ある意味で人生の目的という人間にとって最も本質的な、あるいは究極的な問題に関わっているからである。

では、そもそも「自我」とは何を指して言う言葉だろうか。

こう問いかけると、西洋の心理学も明確に簡潔な答えを与えることはできないようである。そこでは「自我」という用語と「自己」という用語の区別さえ、しばしば明確ではない。一般的には、「自我」は個人の精神活動の主体を指し、それを反省的に客観視して捉える際に、その考察の対象となる主体を「自己」と呼ぶようである。だが、そのような使用法が一定しているわけではなく、「自我」や「自己」という用語は、心理学のみならず、哲学的にも明確に規定できず、実際、曖昧なまま使用され続けている。

ただ、この二つの言葉は、「私」という日常自明な経験を説明するための概念であると言うことができる。「自我」とか「自己」という言葉が何を指そうと、私たちは誰もが「私」という経験をはっきりと知っているはずである。しかし、一旦それを説明しようとすると、なかなか簡単にはいかないのだ。私という主体は容易に私という客体に反転し、またその逆も即座になされてしまうことが、混乱して使用される理由であろう。

1　「考え」としての「私」

立ち入った哲学的議論に進むつもりはないので、ここでの議論にとって必要なことだけを簡潔に述べよう。つまり、「自我」や「自己」という言葉は、「概念」であり、「考え」だということである。そして「私」という経験もまた、それは意識に捉えられた瞬間、「考え」として現れるものである。

アメリカの心理学の基礎を築いたウィリアム・ジェームズの『心理学』にも、「自我」の章に次のような結論を見ることができる。

この長い章を要約すると、——自我の意識は一つの考え（thought）の流れを含み、その各部分は「主我」として過去に生起した諸部分を記憶することができ、その諸部分が知っていたものを知り、その中のあるものを特に「客我」と考え、その他の部分をこれに取り入れる。……それは一つの考えであり、各瞬間ごとにその一瞬前の考えとは異なるものであるが、この一瞬前のものをも、それが自分のものとしていたすべてのものと共に包摂しているものである。すべての経験的事実はこの記述の中に尽くされているのであって、……したがって、本書においては、われわれの到達した暫定的解決が最後の言葉でなければならない。すなわち考えそれ自身が考えの主体である。(75)

このように見れば、有名な「我思う、ゆえに我あり」（cogito ergo sum）というデカルトの自覚は、誰もがうなずく事実であるとしても、それはまさに「私が考えるから私が存在する」ということを述べたものにすぎない。[1]

さて、自我をこのように理解するなら、そこに東洋や仏教の考え方との接点が見えてくるように思える。議論をわかりやすくするために、一つの例として、インドのジュナーナ・ヨーガ〈知恵の道〉の賢者と言われるシュリ・ラマナ・マハリシの言葉に目を向けてみたい。

ラマナ・マハリシの教えは、つねに「私」とは何かを問い続け、「私」を探し続けていくことで知られるが、そこでは「通常われわれが私と思っているのは、私という考え（I-thought）である」ことが貴重な洞察として重きを置かれる。[65]

私とは何か、そこにはさまざまな答えがありうる。私とは何々という名の人物であり、何々社の重役であり、誰々の父であり、誰々の子であり、日本人であり、……、意識し、感じ、行動する身体であり……。しかし、それらもみな考えであり、「本当の私」ではない。身体であるというのは違うようにも思えるが、たとえば私は足に痛みを感じるが、それは私であるとは言わない。私の足が痛いのであって、私が痛いとは言わない。つまりそれは最終的に私ではないのである。

自我に関する仏教の無我説は、これになぞらえて理解することができる。つまり、すべての現象存在は実体のないものであるという無我説は、自我についても当てはまるということである。「我思う、ゆえに我あり」の「我」は、疑い得ない実体ではない。それは自我という一つの「考え」である。それを実体と誤解し、それに執着するから、苦が生じるのだと。それゆえ、自我を問い続けるという作業は、最終的に苦を滅するために行われるものとしてなされるのである。

だが、ここで注意しておかねばならないことがある。仏教の無我説は決して「我（アートマン）が存在しない」「自我がない」と言っているわけではないということである。(110) それは自我を実体とみなす見方を退けているだけである。仏教が否定する自我とは、不滅の永遠の実体としての主体であり、生滅変化する現象的な主体は認めている。(105) 自我は考えであり、実体ではないが、実体として誤認されるものとして「ある」と捉えてもよいだろう。

2　仏教の自我心理学

「自我」が無我であることを知るのは、最終の究極的な目標である。最終目標に直接挑むものではないからと言って、この「自我」がどのように実体として成立しているのか、それはどのように働いているのかなどを考えることは重要でないと仏教が言っているわけではなく、また仏教はそうは言わないはずである。

実際、仏教には自我の機能を分析したものと解される教説が詳しく示されている。西洋心理学は自我の構造のほうにより興味を寄せるが、仏教では自我の機能やそれを成り立たせている要素のほうに、より注意が配られていると言ってもよいかもしれない。自我に相当する仏教の教説は、原始仏教以来説かれている「五蘊《ごうん》」についての説明に見られる。

五蘊とは、色《しき》（肉体や物質などの形あるもの）、受《じゅ》（苦楽等の感受作用）、想《そう》（表象作用または概念作用）、行《ぎょう》（意思などの心作用または形成作用）、識《しき》（識別作用または認識判断の作用）を指す。この教説は、「五蘊」、「十二処《しょ》」（眼、耳、鼻、舌、身、意の六根と、色、声、香、味、触、法の六境）、「十八界」（十二処に眼識、耳識、鼻識、舌識、身識、意識の六識界を加えたもの）として示される「一切法」（全現象世界）の一部として説かれるものだが、ここでは、各種の感覚器官ないし身体をもつ人間の現象世界の詳しい分析がなされているのである。五蘊は色《しき》以外の四つを名《みょう》と呼び、これを別に分けて「名色《みょうしき》」と呼ばれることもある。

それは——西洋心理学と対照させるとすれば——自我の機能を詳細に観察したものと言うことができる。ただ、仏教では「五蘊皆空《ごうんかいくう》」という言葉があるように、これらの諸要素は分析されながらも、みなすべて実体のないものであることが説かれるのである。

仏教は、このようにきわめてすぐれた精緻な「心理学」をもっていると言うことができるはずである。しかし、その知識には、西洋心理学のなかのとくに発達心理学の視点がほとんど欠如していると言わねばならないようだ。仏教の成立と目的からして、そのような視点がもたれなかったのは理解できるとはいえ、この点では、西洋心理学は、東洋が足元にも及ばないような詳細な知識を蓄えてきたと言うべきであろう。

3　発達心理学と仏教

西洋の発達心理学は、フロイトの考えの延長上で、心理療法にとって欠くことのできない重要な作業と位置づけられ発展してきたものである。仏教はそれらを包括できるより大きな枠組みに立っていると考えられるが、仮にここで仏教の側に立つとしても、西洋心理学には仏教の諸理論を補完する重大な知識が積み重ねられていると考えられる。

ここで最も重要なのは、自我というものは、発達しながら、その過程のなかで意識に現れてくるという点である。

私という経験、すなわち「自我」や「自己」は、成人にとっては揺るぎないものとして確かに存在しているものである。だが発達心理学によって明らかにされるように、乳幼児はまだ「自我」や「自己」という感覚をもっていないということは、当然のことではあるが、見過ごされてはならない。彼にとって、「私」は乳房であり、母親（太母）なのである。

彼らは、彼らの養護者たちとの交流を通して、成長過程のなかでしだいに自我の感覚を発達させていく。子供は、彼らの両親との関わりのなかで、両親たちの諸側面を取り込み（内在化し）、それらに同一化することを通して、自我の感覚を「作り上げていく」。内在化されるのは親ばかりではなく、むしろ親と子供の関係性であるが、自我アイデンティティは、このようにして「対象関係」と呼ばれる内なるイメージ的関係の発達を通して、自他未分化なものからしだいに分化していき、「自己象徴」ないし「自己システム」として形作られていくのである。別の言い方をすれば、それまでの個人「間」関係が、精神「内」構造（「自我」）に変わるのであり、それは、言語的概念化が成立してはじめて——「考え」として——可能となっているのである。

西洋心理学は、このような、発達心理学という仏教には見られない領域を豊かに築き上げながら発展してきたが、現在では、仏教の無我説などに近づいているように思える理解も生み出されはじめている。

アメリカの人類学者アーネスト・ベッカーは、ピュリツァー賞受賞作である『死の拒絶』(23)において、これまでの精神分析の豊かな心理学的成果をまとめ上げ、自我の成立についても、きわめてすぐれた考察を行っている。そこでは、人間が死を恐れ拒絶することによって生の原動力を得ていることが鮮やかに描き出されるとともに、自我が確固たるアイデンティティを築き上げていく姿についても、刺激的で説得力ある示唆がなされている。

精神分析学が科学として偉大なのは、次の概念に見られる単純化を行ったことである。すなわち、幼児期の経験の全体は、子供が自分の出現に抱く不安、支えを失うことの恐れ、独りで立ち無力で不安でいることとの恐れを否定しようとする試みだということである。子供の性格、子供の生のライフスタイルは、自分の意識から生来の無能という現実的事実を追放するために、他者の力、事物の支え、文化の観念を利用する方法なのである。……彼は防衛を築くことによってこの絶望（死の恐怖）を回避する。そしてこれらの防衛が、彼に、自分の価値、意味、力についての基本的感覚を抱くことを許すのである。これによって彼は、自分が自分の生と死をコントロールしているという感覚、わがままで自由な個人として実際に生き行動しているという感覚、自ら形成したユニークなアイデンティティをもっているという感覚、自分が〝誰か〟であるという感覚をもつのである。(23)

この「誰か」こそが「自我」と呼ばれるものである。それは、死の恐怖を回避しながら、内部から突き上げる衝動をコントロールし、同時に外部の社会ともうまくバランスをとって適応・機能しながら、さまざまな条件づけを通して、「作り上げられたもの」であり、「誰か」という感覚、つまり、「私」というアイデンティティとして「作り上げられたもの」なのである。

東西の心理学者は、この「自我が作り上げられたものである」という点ではきっと同意するだろう。しかし、西洋の心理学ではこの「誰か」が、独立自存の永続的で不可欠の実体として評価される。一方、東洋の心理学では、それはつまるところ実体のないもので、必ずしも不可欠のものではないとされるのである。

ここで東洋の側に立って西洋側に質問を試みることにしよう。では、この作られた自己感覚はいったいなぜ実体として実感をもって感じ取られるようになるのか？　これは、これまでの西洋心理学においては考えられたこともない問いのようであり、これについての明確な議論は見当たらない。しかし、ベッカーの議論を考えてみると、この問いにも答えようとする問題意識が浮上してきているように思える。

人間は「第二の」世界、人間によって創られた意味の世界、その中で生き、ドラマ化し、その中で自分を育むことのできる新しい現実を必要とする。「幻想」は、そのもっとも高度なレベルでは、創造的な遊びを意味する。文化的幻想は自己正当化のイデオロギーであり、象徴的動物にとって生そのものであるヒロイックな次元である。(23)

また精神分析の大御所の一人、オットー・ランクもこう言っていた。

人は真実とともに生きることはできない。生きるために人は幻想を必要とする。芸術、宗教、哲学、科学、愛が与えるような外面的な幻想ばかりでなく、その外面的なものをまず条件づける内面的な幻想（すなわち、自分の積極的な力に対する安心感や、他者の力を頼ることができるという安心感）も必要とする。人が現実を真実として、外見を本質として捉えることができればできるほど、彼はより健全で、よりよく順応し、より幸福となるだろう……自己を欺き、見せかけ、大失策をするというこのつねに効果的な過程は決して精神病理学的メカニズムではない。(126)

ここに述べられているように、人は死の恐怖を巧みに回避（それを完全に抑圧し意識しないように）しながら、そのために、「第二」の新しい現実を必要とするのである。

自我とは、その必要に迫られ、「作り上げられた」幻想であるが、それは「考え」として、日常の世界あるいは世俗（凡夫）の世界では、人間の心（意識）に実体と誤解されながら、疑い得ないものとして確かに存在する主体的意識であると考えられる。

二、意識の流れとしての「私」

「自我」の問題には、もう一つ掘り下げて考えられるべき重大な要素がある。それは自我の連続性と同一性、つまり「私はつねに、ほかの誰でもなく、私として感じられる」という点である。仏教では、これは「業《カルマ》」という概念で説明される。

仏教で言う「業」は、かなり幅の広い概念であり、一般的には善悪などの行為を指して使われる言葉だが、その根本には「習慣的な潜在的力」を意味する考え方があることが重要である。さまざまな行為は、どんなものでも、それが生じれば、そのまま消えてなくなるのではなく、必ずそのたびごとに習慣力となって、何らかの形でその人に残される、というのが「業」の根本をなす考え方である。これは善悪の行為などの場合に倫理的な側面から見られ使用されることが多いが、善悪にかかわらず使用される。

この習慣力は、知的な経験においては記憶として残存するものであり、感情や意思などの経験においては、いろいろの性癖や性格として残存するものとされ、そのような知能や性格や体質等が各個人にその人の素質として存在し、それが人格と言われるものをなすとされる。仏教では、これらの素質や性格は、その人が今日まで経験してきたあらゆる行為・行動の、習慣力の総和であると考えられるのである。(105)

すなわち、一瞬一瞬の「私」という経験も、この深いところで働いている習慣的潜在力である「業」によって形成されていると考えることができる。

とはいえ、仏教の考え方をそのまま「信じる」わけにはいかないという人々も多いだろうから、西洋心理学の意見を参照してみることにしよう。西洋心理学においてこの「業」に近い考え方は、ウィリアム・ジェームズによって引き出されている。

私たちの意識は絶えず変化している。いま見ていると思うと次には聞いており、いま回想していると思うと次には予期し、いま愛していると思うと次には憎んでいるなど、次から次にさまざまに入れ替わっていく。（中略）したがって意識は断片的に切られて現れるものではない。……意識は断片をつないだものではなく、流れているのである。「川」あるいは「流れ」という比喩がこれを最も自然に言い表している。今後これについて語るとき、われわれはこれを考えの流れ、意識の流れ、あるいは主観的生活の流れと呼ぶことにしたい。(75)

ジェームズによれば、「意識の流れ」をよく観察すると、そこには鳥の生活のように飛行と停止の交代があり、一時停止した場所（「実質的部分」）と飛行する場所（「推移的部分」）が認められる。また、それぞれの意識状態は、その周囲に「辺縁」をもっており、それが重なり合うことによって、意識は連続的に推移していくと考えられる。

つまり、この過程が一つの人格的意識のなかで起こることによって、「私」はつねに、ほかの誰のものでもなく、確かに「私」として感じられるのである。そしてジェームズはさらに次のように述べている。

われわれが永続的存在であると信じている（「私」という）実在は、……くり返しわれわれの前に現れるので、不注意にもその実在についてわれわれの「観念」が同一観念であると考えるようになってしまう。……われわれは感覚的印象をただの踏み石として用いているだけで、すぐにその印象が示す実在の認識へと飛躍してしまう習慣がどれほど根強いものかが分かるであろう。（括弧は筆者）

われわれの「経験」と称するものは、ほとんどまったくわれわれの注意の習慣によって決まるものである。(75)

この考え方は、前節で取り上げたラナマ・マハリシの言葉にも驚くほど類似した表現を認めることができる。

この、まるで幽霊のような自我は、……形あるものをつかみ取ってはまた次の形あるものをつかみ取って離れることによって、存在を現す。……自我はまるでキャタピラのように、次のものをつかんだ時だけつかんでいた手を離すのである。(65)

つまり、いま私だと思っている私は、一瞬前に私だと思っていた私によって決められているということであり、この思考プロセスが、私が連続して私であるという感覚をつねに繰り返し創り出しているのである。

これは仏教（ブッダ）の考え方とまったく一致するものであろう。諸行は無常であり、絶えず時々刻々に生滅変化している。自我もまた無常であり、永遠不滅の実体ではなく、刹那刹那に生まれては消えている現象である。まさに「いま見ていると思うと次には聞いており、いま回想していると思うと次には予期し、いま愛していると思うと次には憎んでいる……」のである。

しかし、何らかの行為が行われる時、そこには必ず習慣的な潜在力（「業」）が残される。この習慣力は、知的な経験においては記憶として残存し、感情や意思などの経験においては、いろいろの性癖や性格として残存するのである。つまり、それらはあたかも一瞬一瞬をつなぐ接着剤のように働き、刹那刹那に生滅する意識の流れを作り上げている。「私」とは、この刹那刹那に生じ滅する

「業」（記憶）が作り出している現象なのである。

このように見ると、心理学における「同一化（identification）」という概念が重要な用語として浮かび上がってくるように思う。「同一化」については後で（「同一化」と「執着」の節）改めて詳しく見ていくことにするが、ここでは次のような言い方もできることを知っておきたい。私たちは絶えず、「私という考え」あるいは「私という役割」にしがみつき、それを実体とみなしながら、それに「同一化」して生きている。そして私たちは、そのようにしがみつく本能的傾向をもっていること。

しかし、そのしがみついている「私」は、川の流れに浮かぶ筏のようなものであり、川そのものではない。つまり、筏は「本当の私」ではないのである。筏にしがみつけばしがみつくほど、私は「本当の私」から離れてしまう。筏を形ある実体である自分と思い込み、川を他者と思っている限り、人は疎外され続け、不安や苦しみをつのらせ続けるのである。

■筏の喩え

この「本当の私」については、次節で改めて西洋心理学との関係を探りながら考えてみることにしたい。ここでは、原始経典に述べられているブッダの「筏の喩え」（『中部経』「蛇喩経」）をしばらく味わってみることにしよう。

仏は弟子たちに申された。

「比丘らよ、私は救済度脱のために、また執着を離れるために、筏の喩えの教法をお前たちに説き示すであろう。お前たちはそれをよく聞き思念するがよい。私は説こう」。

「比丘らよ、あたかも道を進んでいた人があって、彼は大河水を見たとする。こちらの岸は危険があり怖畏《おそれ》がある、むこうの岸は安全であり怖畏もない。しかしこちらの岸からむこうの岸に行くべき船舶も舟艇も架橋もない。彼は思念すらく、「これは大河水である。こちらの岸は危険があり怖畏がある、むこうの岸は安全であり怖畏もない。しかし、此岸から彼岸に行くべき船舶も舟艇も架橋もない。私は藁《わら》や薪《たきぎ》や樹皮や樹葉などを寄せ集めて筏を結び、その筏によって、手足をもって努力して、安全に渡ったらどうであろうか」と。

比丘らよ、時にその男は藁や薪や樹皮や樹葉などを寄せ集めて筏を結び、その筏によって、手足をもって努力して、安全に彼岸に渡ったとする。彼岸に渡り終わった彼は次のように考えるかも知れない。「この筏は私には大恩人である。私はこの筏によって、手足をもって努力して、安全に彼岸に渡った。私はこの筏を頭上にのせ、または肩に担いで、わが欲する所に出発したらどうであろうか」と。

比丘らよ、お前たちはそれをどう思うか。一体その男がそのようにするのは、筏に対して正しい取り扱いをしたのであろうか」。

「いえ、世尊よ、そうではありません」。

「それでは比丘らよ、どのようにしたならば、その男はその筏に対して正しい取り扱いをすることになるであろうか。ここに比丘らよ、彼岸に渡り終わったかの男は次のように考えるかも知れない。「この筏は私には大恩人である。私はこの筏によって、手足をもって努力して、安全に彼岸に渡った。私はこの筏を陸上に捨ておき、または水中に浮かべて、わが欲する所に出発したらどうであろうか」と。

比丘らよ、その男がそのようにするのは、筏に対して正しい取り扱いをなしたといえるであろう。

このように比丘らよ、救済度脱のために、また執着を離れるために、筏の喩えの教法を私は説いたのである。比丘らよ、筏の如く、教法を了知したお前たちは、教法さえも捨て去るべきである。どうして非法を捨てないでよかろうか」と。(104)(『南伝大蔵経』九)

ここで説かれている筏は「教法」のことであるが、これまで述べてきた「私」になぞらえてみるのも興味深い。川を渡るには筏が必要である。その筏を頑丈に組み立てることは不可欠の仕事である。丈夫で安全な筏を作れば、風や景色も楽しんで進むことができるはずだ。しかし筏は、いつまでもそれにしがみついて執着しているものではない。筏は持って行くものではなく、道の途上で捨てられるべきものなのである。

三、自己実現と自己超越

「自我」と「自己」がしばしば区別なく使用されていることはすでに述べてきた。しかし、「真の自己」「本当の自己」「自己実現」などとして西洋心理学でもよく使用されている「自己」は、明らかに「自我」とは、はっきり異なる概念であろう。

この「自己」とはいったい何を指して言う言葉だろうか。

「自己実現（self-realization）」という言葉は、新フロイト派の心理療法家カレン・ホーナイによって一九五〇年頃に提出された概念だが、以来さまざまな心理学者によって取り上げられ普及し、現在では、現代に生きる個々人が目指すべき心理的人格的成長の目標として、広く認められるようになっている。

わかりやすい表現として、まずホーナイの次の言葉を引用してみよう。

どんぐりに、樫の木になることを教える必要はないし、また実際、教えることもできないが、時がくれば、どんぐりのうちに潜んでいる力が発達していくであろう。人間もこれと同じで、時期がくれば、その時、彼は真の自己（real self）のもつ独自の活力を発達させるであろう。[73]

ホーナイによれば、人間には「すべての人に共通な、しかも、各個人に独自な、成長の源泉である（あの）中心的な内部の力」がある。人は、この「真の自己（real self）」の活力を発達させることによって、「自分自身の感情や思考や願望や興味をはっきりさせ、深め、自分の資質を開発する力や強い意志力を育て、自分に具わる特殊な才能や天分を伸ばし、自分の意志を述べ、自然な感情で良い対人関係をつくっていく能力を発展させる。すべてこうしたことを通じて、彼はやがて自分の価値観や人生における目的を見出すことができるようになる。要するに、彼は本質的に脇道にそれることなく、自己実現に向かって成長していくのである(73)」。

1　西洋心理学の「自己」

ここに使われている「真（本当）の自己」や「自己実現」の「自己」は、前に述べたような「私」の主体的側面や客体的側面を言い表すものではない。それは、「私」という存在に潜在する「独自の」「中心的な内部の力」として表現されるものである。これまでの議論とつなげると、この「自己」は「考え」に属するものでもなく、当人あるいは「自我」が意識的に認識できる対象物でもないのである。

後の議論とつなげる意味で、ここでは、「自己」はエネルギーとして比喩的に述べられる概念であって、直接意識できるものとされてはいないという点を強調しておきたい。

また、このような「自己」についてはもう一人、西洋心理学において「自己（self）」という言葉に独自の重要な意味をもたせたユングが有名である。ユングは「個性化（individuation）」という彼独自の概念を用いて、それを「自己実現」とほぼ同じ意味で使っていた。

個性化とは個人（individual）になることである。そして個性（individuality）がわれわれの最も内部の、最終の、比類ない独自性を包含する限り、個性化とは、われわれが自己自身になることである。だから、われわれは個性化を、自己自身になること、すなわち自己実現と言い換えうるのである。(79)

ホーナイもユングもほぼ同様のことを述べているように思えるが、ユングの言い方には「われわれが自己自身になること」という言葉で、一歩踏み込んだ表現がなされているようにも見える。ここでの「自己自身になること」とは、ユングが述べた「自己《セルフ》」と関係するものであり、個性化の発達過程のなかで、人間がその人格統合の中心点を、「自我」から「自己《セルフ》」へと移動させることであると考えられる。このユングの「自己」は意識と無意識を含む心の中心であり、意識の中心としての自我をも包含するものとされる。ユングの「自己」もまた、それ自体は決して当人に意識されるものではなく、彼の言う「元型」などの象徴を通してのみ、自我あるいは意識に把握されるものと考えられている。つまり、ユングの「自己《セルフ》」も、直接意識できるものとはされていない点を、後の便宜のために覚えておいてほしい。

2　仏教における「自己」

さて、それでは東洋の心理学、あるいは仏教における「自己」はどうだろうか。

これまでの記述では、仏教に関する説明の際にも「自己」と「自我」を区別しないできた。仏教経典でこれに当たる言葉は「アートマン」（インド語。サンスクリット語ではatman，パーリ語ではattan）であるが、これが漢訳ではすべて「我」と訳される。しかし、インド哲学等で使われる「アートマン」が日本語に訳される場合には、「自我」も「自己」も当てられるようで、そのため仏教経典の翻訳でも明確に区別されていないことにおいては、西洋心理学の文脈での場合と同じである。

そして、仏教にもまた「真の自己」という意味で使われる「自己」があるため、この言葉はどうしても複雑になってしまう——もっとも、西洋心理学の「自己」は、ホーナイのものも、ユングのものも東洋の影響を受けたものであると考えれば、出所は同じなのだが。

語源はさておき、原始仏教に登場する「自己」を見てみることにしよう。経典には次のような言葉が説かれている。

自己こそ自分（自己）の主《あるじ》である。
他人がどうして（自分の）主であろうか。
自己をよく調《ととの》えたならば、得がたき主を得る。（『ダンマパダ』一六〇）

実に自己は自分の主《あるじ》である。
自己は自分のよるべである。
ゆえに自分を調《ととの》えよ。
——馬商人が良い馬を調教するように。（同、三八〇）

仏教の解説書によれば、たいてい、この「自己」は、「真の自己」や「本来の自己」、あるいは「理想の自己」を意味するものとされている。「アートマン（我）」という原語は同じでも、仏教では（無我説で対象となり否定される）「執着のある我」と、（自灯明・法灯明の説で支持される）[2]「執着を離れた真実の我」は異なって使われる。(105)

ここで言われる仏教の「自己」が——ユングの「自己」と同様——「自己実現」という言葉でその目標を簡潔に示すものであるとすれば、その意味で、西洋の心理学と東洋の心理学は、同じものを目指していると考えてよいだろうか。

エーリッヒ・フロムはこの点について、鈴木大拙の禅に関する言葉を引用しながら、次のように述べている。

まず鈴木博士の禅の目的について述べられたところから始めよう。
「禅は本質において自己の存在の本性を見通すところの術である。それは束縛から自由への道を指している。……禅はわれわれのおのおのの中に本来自然に蓄えられているすべてのエネルギーを解放するということができる。このエネルギーはふだんは拘束され歪められていて、自由に活動する通路を見出すことができないでいるのである。……それゆえ禅の目的はわれわれが狂人になったり、不具者になったりすることを救うことにある。これこそ私のいう自由の意味するところのものであり、本来われわれの心の中にそなわっている創造的な、慈悲深い衝動のすべてが自由に活動することが出来るようにすることである」。

この禅の目的に関して述べられたものは、そのまま精神分析が成し遂げたいと望んでいるところのものである。すなわち、自己自身の本性の洞察、自由、幸福ならびに愛の獲得、エネルギーの解放、それによって人が狂人や不具者になることから救うこと等々。(152)

大拙の言葉に、ホーナイの言葉やユングの言葉との類似点を見つけるのは容易である。禅はいかにも「自己の本性を見通すこと」「自己の存在の内面の働きに触れること」を目指すものであり、仏教とは「自己を調え、得がたき主を得ること」を目指すものなのである。つまり、フロムが述べているように、その目的は、ホーナイやユングの「自己実現」と同じであると考えてよい。

しかし、ここには見落としてはならない重要な違いもある。それは、仏教の「自己」は——ホーナイやユングの考えを引用したところで述べたように——当人に意識されずにあるものではなく、はっきりと意識できるものとしてあるということである。

禅とは、これを獲得する、つまり「本性を見通す」ための術なのである。フロムが言うように、そこに至る手段の大きな違いはあっても、それぞれが目指す目的については同じであると考えてもよいかもしれない。だが、その目標地点における意識内容には、かなりの違いがあることは忘れてはならない。

3　「自己実現」と「自己超越」

臨済禅師の有名な言葉「赤肉団上《しゃくにくだんじょう》に一無位《いちむい》の真人《しんにん》あり。常に汝等諸人の面門《めんもん》より出入りす。未だ証拠せざる者は、看よ。看よ」（赤肉団とはこの身体のこと。面門とは感覚器官である五官のこと）は、「自己」（真人）が、明らかに体験的事実であることを強烈に語ったものである。これは「仏性」「ブッダ」「神」など、いろいろな呼び方ができるものかもしれないが、実践を通してそれは確かに経験されるものであることを仏教（禅）は主張するのである。

しかし、西洋の心理学や「自己実現」という考えは、これを認めたものではないところに違いがある。「個性化」の過程のなかで「自己」を知り「自己自身になる」ことを強調したユングでさえ、この点では東洋の考え方や仏教の主張する「自己」を認めるところまでは至らなかった。たとえばユングは、『チベットの大いなる解脱の書』の序文に次のような言葉を寄せている。

> われわれにとって、意識は自我というものなしには考えられない。意識とは、自我に関係づけ

られている諸内容に等しい。もし自我が存在しないとすれば、何かを意識できるような人はだれもいない、ということになる。自我はしたがって、何かが意識される過程にとっては欠くことのできないものなのである。ところが、東洋的精神にとっては、自我なしに意識というものを思い浮かべることは、何ら困難ではない。そこでは意識は、自我の状態を越えることができるものとみなされ、しかもこの「高次の」状態においては、自我は完全に消えてしまうのである。このように自我を離れた心の状態というものは、われわれにとっては気づくことのできないものかもしれない。というのは、そこには、その心の状態を観察する証人はいないからである。……何かについての自覚がなおあるかぎり、そこには自覚する人が存在しなければならない。(77)

これまでの議論を見ていただければ、ユングがここで言っているような、東洋や仏教では「自我が存在しない」という解釈は誤解であることはわかるであろう。しかし、先の引用を見ればわかるように、その誤解が解けたとしても、おそらくユングは、仏教が主張する「(真の)自己」を決して認めようとはしなかったにちがいない。仏教の教説あるいは東洋の心理学はその基礎において、この「自己」を認めた立場、あるいはこの「自己」が敢然と意識できるものという立場に立っているのである。

西洋心理学の立場からは、この点を捉えて、東洋の心理学は「自己超越(self-transcendence)」

を目指す、という言い方がなされるのをよく目にする。これは、いままで見てきたように、自我を実体とみなす認識を超えた「無我（egolessness）」の立場を言い表すものである。その意味で「自己超越」は、従来の西洋心理学の「自己実現」を超える立場にあると言うべきなのかもしれない。

しかし、先に挙げたフロムのような捉え方で見ていくならば、東洋の心理学もまた、「自己実現」を目標としていることに変わりはないと言うことができる。「自己超越」も「自己実現」も、人間に潜在する内的「自己」に触れ、その力を発達させることによって苦の解放を目指しているという点で、目的は同じなのであり、別の目的をもったものとして分けて考えられる必要は必ずしもないはずである。

ただし、その目標地点には「自己超越」という言葉で言い表される過程や経験が含まれているということは、注意して重視されなければならない。仏教は、いま述べたような点で現在の心理学に強烈な衝撃を与えるものであるが、この壁を超えて統合が図られていかなければならないだろう。

それは、第一章で述べたように、現代における心理療法には、仏教ないしブッダが残してきた心理学が切実に必要とされているからである。すでにそのような努力は、理論のみならず実践を通して数々なされ、そこからは豊かな成果が数多く引き出されている。仏教の心理学は、その根本の立場を見失うことなく、現代に生かされなければならない。それは困難ではあるが、決して不可能なことではないはずである。

四、「自己」の発達心理学

仏教には、西洋心理学が築き上げてきたような（子供の）発達心理学はほとんど見られない。そのきわめて実践的な性格特徴から察すると、仏教では現在のみが重要なのであり、そのため、西洋の発達心理学のように幼児期の問題などに遡ってみるといった視点は重視されなかったとも考えられる。だが先に述べたように、もし「自我」が「作り上げられたもの」であるという点で両者が同意するとすれば、それがどのように作り上げられてきたのか、どのように作られているのかを探りながら、両者の接点で議論を深め、その交流を進めていくことが、現代においては意義ある作業になるだろう。

ここでは、西洋の発達心理学の概要に改めて目を向け、もう少し踏み込んだ理解を加えることによって、仏教との接点をさらに深く探ってみることにしたい。まず、前掲したアーネスト・ベッカーの研究をなぞり、それを導きの糸としながら、発達心理学をざっと概観してみることにしよう（ベッカーの研究を下敷きに展開されたケン・ウィルバーの理論[174、175]にも依拠しつつ眺めていく）。

ベッカーによれば、死の拒絶の過程は「幼児の生活のまさに最も早い段階——いわゆる「口唇期」——に自然にはじまる」。

この段階では子供がその意識の中で母親から完全に分化せず、子供が自分の身体とその機能を十分には認識せず、専門的に言うと、子供の身体が彼の現象学的領域での対象となっていない。このとき母親は文字通り子供の生活世界を表している。……彼は全能性に満ちた生き方をし、この全能性を養うのに必要なあらゆるものを、あたかも魔法によるかのようにコントロールしている。彼は泣きさえすれば食べ物を与えられ、暖められるし、月が欲しいと指させばその代わりに楽しいガラガラがもらえるわけだ。子供は母親をコントロールすることによって、自分の世界を意気揚々と自由にする。彼の身体は彼のナルシシズム的投企の対象であり、彼はそれを「世界をのみ込む」ために利用する。「肛門期」は、子供が自分の現象的領域における対象として、自分の身体に注意を向けはじめる時期の別称である。彼は身体を発見し、それをコントロールしようとする。彼のナルシシズム的投企は、自己コントロールを通じて世界を征服、所有することとなる。[23]

1　乳幼児の楽園

このような記述は、何もベッカーの理論だけに限られたものではなく、発達心理学で一般に認められている見解である。[3] 新生児の意識はまだまったく未分化であり、環境と完全に融合し、一つになった「原初的楽園」である。いかにも「泣きさえすれば食べ物を与えられ、月が欲しいと指させばガラガラがもらえる」全能の世界。「自己」[4] はまだ完全なまどろみのなかにいる。

この段階では、子供はその意識のなかで、母親からまだ完全に分化してはいない。子供は自分の身体とその機能を十分には認識していないのである。このとき母親は、子供の生活世界そのものであり、文字通り、母親と一体になっている。彼は、その世界のなかで、完全に全能感に満ち、それを養うのに必要なあらゆるものを、あたかも魔法でももっているかのようにコントロールできると思っている。泣きさえすれば食べ物を与えられ、暖められる。月が欲しいと指させばその代わりに楽しいガラガラがもらえるというわけである。子供は、母親をコントロールすることによって、自分の世界を意気揚々と自由にするのである。

しかし、その楽園も長続きはしない。彼はまもなく、環境と自分が一つの同じものではないこと、自分とは別に何かがあるということをしだいに自覚しはじめる。大洋のまどろみ状態のなかにかすかな目覚めの「意識」が浮かび上がり、おぼろげで曖昧な線ではあるが、そこに自他の境界が芽生えてくるのである。

また幼児は、生理的に成熟するにつれ、しだいにイメージの形成能力を発達させていく。そこでは、成長に伴って「身体自己」と呼ぶべきイメージ的自己意識が現れてくる。毛布を嚙んでも痛くはないが、自分の指を嚙むと痛いのだ。彼はここにおいて「身体を発見」し、それをコントロールしようとするのである。

2　身体の発見

毛布は噛んでも痛くない。つまり、それは「私ではない」。指は噛むと痛い。つまり、それは「私である」。床は私ではない。ガラガラは私ではない。しかし、口は私である。足も私である。こうして、幼児は「環境」から分化してくる「身体」を発見していく。自分の「身体」である「私」を、経験を通して発見していくのである。

「自己」は「環境」との間に境界を設けた。そして環境から分化するとともに、身体に「同一化」しはじめることになる。そこで彼の前（現象学的領域）に現れるのは、自分（身体）ではない他者、つまり「養育者」ないし「母（太母）」の姿である。

母は最初、世界全体の中心であり、幼児は母と完全に一体だった。しかし、身体と環境との分化がはじまると、そこには新たな上位形態として「自己」と「他者」が生まれてくる。「有機体」の内的世界が、「太母」から分化しはじめるとともに、「身体自我」と「太母」との劇的ドラマがついにここから開始されることになる。

幼児は、自分の身体を最初の作戦基地としながら「世界をのみ込む」、つまり宇宙の中心になろうとする企てを必死に行う。そして、彼はイメージの形で、全世界を自らの分化した「自己」に取り入れようとする。世界を自分自身のなかに取り込み、分離した「自己」を全世界に仕立て上げ、「自己コントロールを通して世界を征服、所有」しようとするのである。

のみ込もうとする欲求がある限り、そこにはのみ込まれる恐怖がある。「自己」はかつて「太母」とまったく「同一化」していたが、「世界をのみ込む」欲求は、そこからの分化・分離を進め、母との融合状態を終わら（超越）せねばならなくなる。それは母を愛して（執着して）いればいるほど、恐ろしい死と映り、のみ込まれる恐怖となる。

3　分離の不安

子供が「太母」からの分離を死と感じるのは、「太母」がかつて「自己」の一部だったからである。「太母」から分化するには「分離の不安」は避けられない。しかし彼は、遅かれ早かれ、その死を受け入れなければならないのである。

ベッカーの理論の核心は、人間は生まれた時から、死の恐怖を回避し、そのことによって、生へと駆り立てられている、つまり「死の拒絶」こそが、人間の生の発達を推進させる力になっているということである。なかでも最も重要な点は、この「死の拒絶」という過程が、発達の最も初期の段階から認められるという指摘がなされることによって、そこに人間の発達原理の核心が明らかにされていることである。

すなわち、自己はしかるべき象徴形態が意識に浮上すると、その新しく浮上した構造に「同一化」する。そして古い「同一化」が、分離不安を伴いながら、手放されていく——自己はもはやその手放された構造には拘束されなくなるが、今度は新しい構造に拘束される。人間の発達には、このような原理が認められるということである。

4　言語と自我意識の形成

「身体」が浮上した時、意識ははじめて「身体自己」となった。それは意識が「身体」に「同一化」したことを意味している。身体への「同一化」によって、「自己」はもう「太母」に拘束されることはなくなったのである（だがその代わりに、今度は「身体」に拘束されることになる）。

そして次には、意識に「言語」という新たな能力が浮上してくる。それは表象作用をもち、概念作用をもち、時間を操ることのできる象徴形態であり、「自己」にとっては、世界を取り込みコントロールするためのよりすぐれた構造を提供できるものとして現れる。「自己」はこの「言語」の浮上とともに、その新しい構造に「同一化」を企てることになる。

それまで「同一化」していた「身体」から自らを分化させながら、彼は言語的ないし心的領域に「同一化」していく。「身体」の生物学的衝動や本能的欲求に支配されていた「自己」は、もはやそこでは過去のものとなる。「身体」と「自我意識」（「自己イメージ」）との間に境界線が浮上してくるのである。それまで「身体」そのものであった「自己」は、「身体」をもつ「自己」になる。「私は身体をもっている」と感じられるようになるのである。

「言語」がもつ動詞には過去・現在・未来という時制が含まれている。「言語」に「同一化」した「自己」は、この時制をもった象徴的構造を通して世界を見ることになる。子供の世界は、このことによって自然に時間的な世界となる。「自己」はさまざまな欲求の満足を延期させながら、未来を予測し、計画的に現在の活動を調整できるようになる。

そして「自己」はしだいに言語的「思考」を成熟させながら、それを意識のあらゆる要素に介入させていくことになる。この段階における特徴は、言語的概念化の作用が可能となることによって、それまでの対人的関係が精神の内的構造に変わるということである。とくに両親との関係において、命令・禁止・暗示など種々の要素が取り込まれる（超自我の内在化）だけでなく、役割や関係性そのものも内在化され、人格が形成されていく過程が重要である。

自我形成の段階は、言語的概念化という要素だけでなく、その思考様式の成熟変化に応じていくつかの段階に分けて考えなければならないのだが、ここでは、それについては省くことにして、発達のどの地点でも見られる次の点を取り上げておこう。すなわち、自我の発達においては、「自己」のある側面が意識にのぼって、それが「自己」の存立を脅かすように感じられた場合には、それを意識から排除（抑圧）するという点である。

5 「仮面」と「影」

この過程によって、「自己」の内面に「仮面《ペルソナ》／影《シャドー》」（ユング）と呼ばれる線（分化）が形成されていく。共同体や社会に参加する「自己」は、そこでの相互作用を円滑にするため、時に応じてさまざまな「役割」を担わなければならない。人は父親のペルソナをもち、会社重役のペルソナをもち、夫のペルソナ、妻のペルソナなどさまざまなペルソナをもつことができるし、もたなくてはならない。人はそれらを学習し、内在化された超自我の影響を受けながら、それらを自分の身につけていく。

しかし、ある特定のペルソナが意識に支配的となっているような時には、それに見合わないように感じられる側面は意識から締め出される傾向をもつことになる。たとえば、「おとなしく良い子」というペルソナへの「同一化」がうまくいっているような時には、それ以外の要素が隠れたペルソナとして無意識に追いやられ続ける。これが「影《シャドー》」と呼ばれる仮面の裏の隠された人格である。

これらの「仮面《ペルソナ》」をしっかりと作り上げ、それらを時に応じて柔軟に使い分けながら、いわば「成熟し統合された自我」を完成させていくことが、成人の課題である。しかし、このあり方はいつかどこかでほころびる時がくる。そしてその欠点に気づく、あるいは、それに満足いかなくなる時がくる。

というのも、そのあり方は、本来まやかしであり、代用だからである。これまでたどってきたように、「仮面《ペルソナ》」はその人の一面にしかすぎない。そしてその裏に隠された「影《シャドー》」もいつまでも眠ったままではいられない。「成熟し統合される」には、締め出されてきた要素が意識されなければならないからである。また、たとえそれらが「統合された」としても、その成熟した自我そのものが、実は、死から逃れるために作り上げられてきた、一種のまやかしであり、代用品にしかすぎないからである。

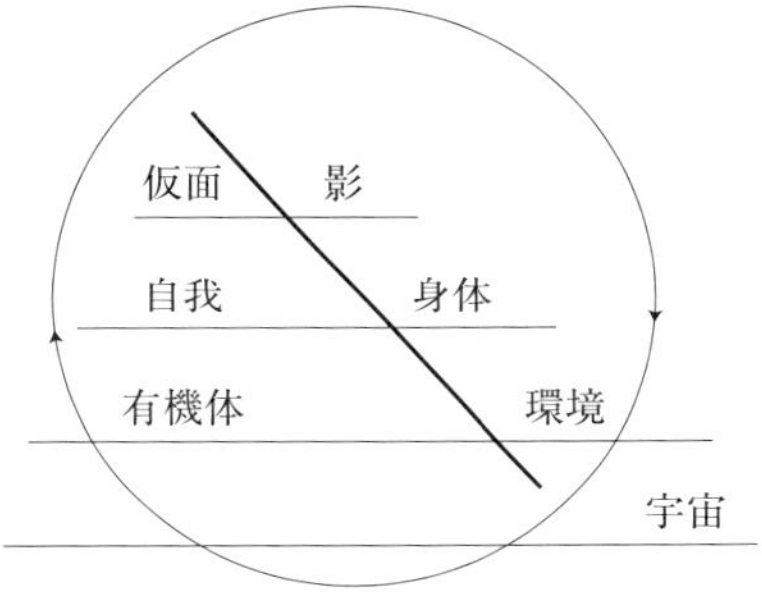

図1　同一化を通しての自己の発達

6 「自己」と「非自己」

この段階では、当人はもはや「自己」の全体に触れることがまったく不可能になっているということがわかるだろう。境界線が引かれた時、そこには「自己」と「非自己」が生まれてくることを見てきた。この「非自己」はもともとは「自己」の一部だったにもかかわらず、もはやそれを考えることさえできなくなっているのである。

一つの「仮面《ペルソナ》」が作り出されると、自我（自己イメージ）の受け入れがたい側面がすべて「自分ではないもの」、つまり「非自己」に見えてくる。それらは「影《シャドー》」として、外部に「投影」されたのである。

このようにして、自己の内部に境界が次々と形成されていくことによって、人間の精神的発達は進行していく。自己感覚は、新たな境界が設けられるたびに、縮小し、収縮し、限定されたものになっていく。最初は環境、次に身体、そして「自我」（仮面／影）が、「外部に存在する」「非自己」に見えてくる。だが、これらの「外部」はすべて、自分自身の「投影」である。したがって、原理的にそのすべては、自らの自己の一側面として再発見することができるはずである。

ここからは、つまり人生の後半からは、この再発見がはじめられる時である。この再発見とは、一旦できあがった（偽りの）境界線を取り払っていくことである。このプロセスこそが、「成熟」そして「統合」と呼ばれる発達の過程である。

7　境界の発見

「仮面《ペルソナ》」の「自己」が締め出してきたもの、つまり「影《シャドー》」はいつまでも眠ったままではいない。一面的になった「自己」は、いつかそれが締め出してきたものに気づき、統合される時を待っているからである。

これは、自分の人生に対する「不満足」、あるいは「苦しみ」という感情が意識された瞬間からはじまると言うことができる。人生の「苦しみ」には、成長の萌芽が含まれているのである。つまり、「苦しみ」とは、（偽りの）境界線を認識する最初の動きと考えられる。そのため、そこで「苦しみ」を正しく理解できたなら、それは解放をもたらすものになるのだ。しかし、人によってはこの苦しみにのみ込まれてしまったり、それにしがみついたり、それに直面できず大きな荷物を背負ったまま抱え続けていくことになる。

苦しみが何を意味するのか、なぜそれが起こるのかを知らない限り、そこから実りある結果をもたらすことはできないだろう。苦しみ、つまり自分を悩ませる感情、気持ち、思考、記憶、体験などは、すべて自分がもっぱらそれに「同一化」しているものである。とすれば、その苦しみの究極的解消は、その「同一化」から離れること、すなわち「脱同一化」することである。それらが自分ではないことに気づき、それらを脱落させていけばよいのである。

これまで述べてきたように、苦しみとは、自らが作り出した境界線に気づいた感情であった。その「外」に存在するかのように見える一つの「投影」が、実際には自らが作り出したものであり、自分自身の一部であることがわかった時、「自己」と「非自己」の境界は取り外される。その過程が動き出した時、当人の自覚の場（「自己」）は遙かに拡大され、失われたものを取り戻し、より自由で開かれた感覚を手にすることができるようになるのである。

8 仏教は希望を説く

ベッカーは、人間の生が死の恐怖からの逃走を繰り返しながら求めるもの、それは究極的にヒロイズム（英雄主義）であると結論していた。

私が行おうとしたのは、ヒロイックな問題が人間の生の中心課題であり、他のどんなものよりも深く人間の本性に入り込んでいるのを提案することである。人間は宇宙で第一の価値をもつ対象として、自分自身を必死に正当化しなければならない。彼は目立ち、ヒーローとなり、世界の生命にできるだけ大きな貢献をし、他の何者よりもまた、他の誰よりもまた、価値があることを示さねばならない。(23)

彼は、それを得ようとする姿、つまり人が必死に求める生とは、「宇宙的意義」とも呼べる「無限の自己拡張の特権をめぐる争い」であるとまで書いている。

しかし、この「宇宙的意義」を求める必死の正当化、言い換えれば、自分が世界のそして宇宙の中心になろうとする欲求は、絶対に成就しないものであるから、ある意味でむなしい努力である、というのがベッカーの考えの基調をなしているように思える。いかに統合を求め続けようと、それはつねに根本的に死から逃走する「代用の満足」でしかない。その営みはすべて、いわば嘘である。自己は嘘であり、文化も嘘であり、宗教もまたすべて嘘なのだとベッカーは言うのである。

だが、仏教は決してそうは言わない。「自己が嘘である」ことには同意するであろう。だが、だからと言って、人の生はむなしいものであるという結論には、仏教は同意しない。嘘を自覚し、その原因を探り当て、正しい努力を重ねるならば、その先には、嘘から解放された本当の生が見えてくると、仏教は希望を説くのである。自己がまやかしであり、代用でしかないことは、決して最終的な結論ではない。仏教はむしろ、その認識を出発点にして歩まれるものなのである。

死から逃れ代用を求め続ける営みは、嘘である限りにおいて、いかにも苦しみである。それがはじまる生（生まれること）は、根本的に苦しみであり、老いること、病いを患うこと、そして死は、すべて苦しみである（「四諦」）。しかし、そのことをよく知り、正しい精進を重ねること（「八正道」）、そのことによって人は、代用の生（同一化の繰り返し）から離れる（執着を取り除く）ことができる。そして苦は滅することができると、仏教は言うのである。

五、「同一化」と「執着」

仏教には発達心理学が欠けていると言ったが、それはあくまでも西洋の発達心理学と同様のものが見られないという意味である。前節の記述では、西洋心理学は自我の成熟までを詳しく分析していて、その一方、仏教の場合はその後の発達のほうに、より重点を置いているといった印象が強く感じられたにちがいない。そのような捉え方は、ある意味で忘れてはならない重要な見解である。実際、現在の西洋心理学が仏教を捉えようとする場合、このような枠組みは不可欠でもあり、心理療法の実践に際してはとくに、こうした枠組みをしっかりと把握しておかなければ危険なこともある。これらについては、後に改めて心理療法の実践に関しての章で述べることにしたい（第五章参照）。

ここでは、そうした視点の大切さを踏まえておきながら、仏教と西洋発達心理学との接点でいくつかの概念を取り上げ、両者を対比させたところで議論を広げてみたい。仏教には、発達心理学を考える際にも注目されるべき考え方が含まれていると思われるからである。

まず、前節でもキーワード的に頻繁に取り上げた、西洋心理学で使用される「同一化（identification）」という概念について考えてみることにしよう。

「同一化」は、精神分析理論の説明概念としてフロイト以来使われてきた用語であり、発達の過程において、自己が対象そのものやその属性を内部に取り込み、自らのものとする無意識的メカニズムを指す用語である。[5] 前節で概略しながら行ってきたように、精神の発達について述べる時、この「同一化」は非常に重要な意義をもつ。

仏教には、これと完全に一致する用語は見当たらないようだが、類似したものとして「執着《しゅうじゃく》」という言葉を挙げることができる。西洋心理学における「同一化」と同じく、仏教における「執着」も、その教説に欠かすことのできないほど重要な位置をもつ言葉であり、仏教を心理学として捉えようとするならば、ここで両者の意味を対比してみるのは無駄なことではないだろう。

1　「執着」の心理学的理解

「執着《しゅうじゃく》」という用語は、仏教で使われる際にも、現在のわが国の日常会話での意味と大きな違いはないようである。ただ、仏教では「執着」の同義語として「取著《しゅじゃく》」がよく使用される。「取《しゅ》」は、ブッダが自らそれを見つめることによって解脱に至ったとされる「十二縁起」の教説（後に詳しく述べる）に説かれる一つで、「愛」（渇愛）という激しい欲求から生ずる誤った実際行動を指し、欲取、見取《けんしゅ》、戒禁取《かいごんしゅ》、我語取《がごしゅ》の四取があるとされる。欲取は貪欲による取著の行為、見取は邪見による取著の行為、戒禁取は誤った戒律を信じてなされる迷信的行為であり、我語取とは実体的な自我等への執着をもった取著の行為である。(177)

「愛」（渇愛）については、第二章の「四諦」のところで述べた通り、好ましい対象に対しては愛着・貪欲の心を起こし、好ましくない不快な対象に対しては憎悪の心を起こすことも含めた用語で、理想の状態に進むことを妨げる心の作用、または性格素質である「煩悩《ぼんのう》」を指すものでもある。

つまり「執着」とは、「貪欲《とんよく》〔むさぼり〕」「瞋恚《しんい》〔いかり〕」「愚痴《ぐち》〔おろかさ〕」の「三毒」をはじめとするさまざまな「煩悩」に起因する心理的要素に強く心を惹かれ、執《と》らわれることであり、そのことによって誤った行動に導かれる原因をなすものである。

では、この「愛」ないし「煩悩」は、西洋の心理学ではどのように捉えられるだろうか。

好ましい対象に対しては愛着・貪欲の心を起こし、好ましくない不快な対象に対しては憎悪の心を起こすのは、人間の生の不可避な性質であろう。[6]「愛」や「煩悩」は、仏教では否定的な意味合いを含んで使われるが、人間が生身の肉体と精神をもった存在である限り、そうした心理傾向は自然な性質であると考えられる。ただ、そのような性質は、根本的に突き詰めていくと、「死の拒絶」から生まれてくるものであることは、これまで見てきた通りである。

前に「自我をめぐる問い」のところ（第一節）で引用したように、ベッカーのすぐれた分析によれば、幼児（人間）は、生来の無能という現実的事実（死の恐怖）を回避することによって、自分が自分の生と死をコントロールしているという感覚や、自分が〝誰か〟であるという感覚をもつようになる。つまり、「同一化」と「執着」は、死の恐怖から逃れる方法という点で同一の意味をもつ言葉である。

ただし、「同一化」という言葉は、死の回避に基づいて自我（主体）が行う積極的で能動的な側面、つまり世界や対象を「のみ込み」「取り込む」という作用に重点が置かれたものであり、「執着」という言葉は、その消極的で受動的な側面、つまり世界や対象に「執らわれる」「惹かれる」という作用に重点が置かれたものと考えられる。これらは、両者とも無意識的になされる心理過程であり、それを意識に上らせること（「脱同一化」）が、治療的機能につながるという点でも共通したものである。

「同一化」と「執着」は、人間の生において一瞬一瞬絶えず行われている心理過程である。「私」という意識が、瞬間瞬間の「同一化」によって形成されていることは前に（第二節「意識の流れとしての「私」」）述べた通りだが、それはまた、瞬間瞬間の「執着」によって形成されていると言い換えることもできる。さらに、このような「同一化」の使用を拡張して当てはめるならば、私たちの行動や思考というものも、つねに「同一化」によって成り立っていると言うこともできる。

2　「同一化」からの解放

発達の過程で、幼児が環境との同一化を手放して身体への同一化を果たし、その後、言語の浮上とともに、しだいに自我つまり思考に同一化していくという過程については、前に眺めてきた。私たち現代人の意識においては通常、思考は感情や感覚より優位な支配的位置を占めており、ほとんど休むことなく自動的に活発に働き続けている。その意味で通常の成人の生活は、つねに中心的に思考や思考作用に同一化して成り立っていると考えられる。

「思考への同一化」は、思考内容に対しても当てはめて考えられるものである。たとえば、何か気がかりなことがあるような時には、その特定の考えが絶えず意識に上ってきて、人から話しかけられてもまったく上の空になるといった事態が見られるが、それは、当人がその特定の考えや思考作用に「同一化」しているからだと捉えることができるだろう。

さらに「同一化」は、次のような使い方もできる。たとえばテレビを見ながら何かを食べているような場合を考えてみる。そこでは、食事をしているにもかかわらず、テレビに注意を奪われ、テレビが出してくる種々の刺激にばかり「同一化」していて、食べ物をまったく味わうことなく過ごしているといったようなこともある。そこにはいろいろな考えが浮かんでいたり、外で人の声や鳥の声がしていたり等々、無数のことが起こっているが、私たちはそこにある全体を見たり感じたり意識することなく、つねに何かに相対的に「同一化」して生きているのである。

また「役割への同一化」という捉え方も有用なものとして考えておきたい。家庭での父とか、仕事での重役、夫に対する妻などという役割は、ある程度意識してなされるとはいえ、人との関係性のなかでほとんど無意識になされている行動である。会社に着いたとたん、その人は意識することなく誰に会っても重役という役をこなしている。それは、重役という「役割への同一化」がなされているから自然に行われるのである。これを広げて考えると、私たちは人だけでなく、動物や環境、さらに物質に対しても、つねに暗黙のうちにある種の「役割」を取って（同一化して）、行動していると言うこともできる。

こうした無意識的になされているさまざまな「同一化」は、それが意識されれば、必要に応じて手放すことが可能になる。これは「サイコシンセシス」という治療体系を築き上げたイタリアの精神科医、ロベルト・アサジョーリが心理療法の技法の一つとして位置づけた「脱同一化（disidentification）」という概念である。[20]

「仮面」への同一化は、いつか、何かのきっかけで反省されねばならない時がくるにちがいない。その時、人は「仮面」から「脱同一化」することを迫られる。なぜなら、それは「本当の自己」ではないからだ。もし人が「自己実現」を求めて歩む存在であるとするなら、人はいつも深いところで、「本当の自己」を目指して生きていると言えるだろう。

「本当の自己」になるためには、「仮面」を剥ぎ取り、さらに「自我」への「同一化」をも手放し、そこから分化してきた自らの「身体」を取り戻さねばならない。そしてさらには、この「身体」との「同一化」さえも手放し、自らが分化してきた「環境」と一体になる（自他の二分法を超える）ことにまで、進んでいく必要があるのかもしれない。この過程は、人間の自然な発達としてなされていくものなのであろうが、心理療法はその自然な発達の滞りを解き、この過程を促進させるものとして機能する有用な方法と位置づけられるにちがいない。後に詳しく述べるが、仏教的実践の代表である瞑想（瞑想については次章で独立した一章を設けて述べる）もまた、この（とくに後半の）過程を促進させるという点で、同じ機能をもつ「心理療法」とみなすことができる。

瞑想（とくに洞察型のもの）では、そこに起こっているあらゆる出来事に注意の目を配ることが目指されるが、注意が配られたらそれに「執着」（「同一化」）することなく、また別のものに注意が移っていく自然な過程にまかせていく作業が行われ続ける。このような過程は、「同一化」という「接着剤」を溶解させて緩めながら、「脱同一化」を促す技法とみなすことができるであろう。そこでは、「同一化」していた症状やいわゆる「古い自分」に対して、それらを相対的に捉えることのできる視点が生み出されてくるという、すぐれた治療的意義が存在していると考えることができる。

六、仏教の病因論と「無明」

「四諦」の第二聖諦である「集」（第二章参照）は、「苦」の原因を示したものであるが、そこでは熱愛欲求（渇愛）が挙げられているだけで、それ以上は詳しく説かれていなかった。しかし、「十二縁起」と呼ばれる教説には、苦を導くことになる原因が「縁起」（縁りて起こること）として詳しく示されている。ここでは、改めて仏教の根本的出発点にもなっている「苦」を、心理療法との関わりから捉え直す試みをしてみようと思う。

「十二縁起」は以下のように説かれている。

比丘らよ、縁起とは何であるか。比丘らよ、無明《むみょう》の縁《えん》（条件）から行《ぎょう》があり、行の縁から識《しき》があり、識の縁から名色《みょうしき》があり、名色の縁から六処《しょ》があり、六処の縁から触《そく》があり、触の縁から受《じゅ》があり、受の縁から愛《あい》があり、愛の縁から取《しゅ》があり、取の縁から有《う》があり、有の縁から生《しょう》があり、生の縁から老死、愁悲苦憂悩が生ず。このようにこの一切の苦蘊（苦のあつまり）の集起がある。比丘らよ、これが起といわれる。

しかし無明の残りなき離滅から行の滅があり、行の滅から識の滅があり、識の滅から名色の滅があり……、六処……、触……、受……、愛……、取……、有の滅から生の滅があり、生の滅から老死、愁悲苦憂悩が滅す。このように一切の苦蘊の滅がある。(105)（ブッダ『サンユッタ・ニカーヤ』）

この「十二縁起」と比較してみればわかるように、「四諦」の場合には「苦」を滅する方法に、より重点が置かれているが、「十二縁起」では「苦」の原因の追求に、より重点が置かれていると言うことができる。「十二縁起」には、この「苦」の原因の探求という意味で、仏教の「病因論」がより詳しく示されていると捉えてもよいであろう。ここでは、このブッダの「十二縁起」を眺めながら、それを仏教の病因論として学んでみることにしたい。

1　「無明」という根本原因

「十二縁起」には、まず第一に、あらゆる苦悩の根源は「無明《むみょう》（avidya）」であると説かれている。

「無明」とは学問などの知識がないことではなく、社会・人生の理想を達成するための正しい世界観や人生観がないことである。人生の苦悩が起こる根本原因を探っていけば、それは「無明」にあるとするのが仏教の基本的立場であり、この根本的無知ゆえに、人は考え方や行動を誤るのである（「無明の縁から行がある」）。

「行」は縁起説では「業」と同じ意味とされ、動機・目的・意思・実際行動に加え、それらの習慣力をも含む用語である。この習慣的力は、その後の心作用や行動に大きな影響をもたらすものであり、そこから認識判断の作用である「識」が生じてくる。

認識作用は、その対象としての名色（色・声・香・味・触・法の六境）と六境に対する感覚知覚器官としての六処（眼・耳・鼻・舌・身・意）との接触和合によって、「触」という認識判断の作用を生じる。そして、触による認識作用から、その対象に対する好悪の感じや苦楽の感受作用である「受」が生じてくるのである。苦楽などの感受があれば、そこには不快で嫌なものは憎み嫌い、好ましいものには愛着を覚える「愛」という意思作用が生じることになるが、愛着や憎悪の念があれば、貪欲な行為や邪見による誤った行為、さらには実体的な自我への執着をもった行為が生み出され、盗みや姦淫、殺害や闘争などの誤った行動に導かれることにもなる。

それらの行動は、なされれば必ずその習慣力を残す。そしてそこから性格や素質などの「有」が生じる。性格や素質は生まれる時に引き継がれるとされている。つまり、生まれる時は決して白紙ではなく、すでに特定の性格や素質をもっているのである。「生」があれば、そこから種々の経験が生じてくるわけだが、そこには苦楽もあり、「老死」という悲哀に彩られた苦悩も生じてくる。「老死」に代表されるあらゆる苦悩は、このようにして生じてくる。それらはすべて「無明」という根本原因に由来する、というのが「十二縁起」の骨子である。

2　「無明」の認識

この根本的原因をなす「無明」、つまり正しい人生観や世界観がないこととは、具体的にはどのようなことであろうか。仏教の解説書によれば、それは「善悪を知らず、善悪の報果を知らず、三世因果を認めず、仏法僧の三宝を信ぜず、縁起や四諦の道理に通じないなどのことである(105)」。「十二縁起」の後半には、これを残りなく取り除いていくことによって、一切の苦悩からの解放がなされることが説かれている。つまり仏教という治療的実践は、「無明」を取り除くことを目指したものであり、そうであるならば、仏教の「治療論」は、まずこの根本病因である「無明」を（少しでも）認識することからはじまるとも言えるのである。すなわち、仏教という治療的実践の出発点は、何らかの形で体験的に、この「無明」の認識に近づくことからはじまると考えられる。

ただし、「無明」を認識するといっても、そう簡単にできるわけではない。「十二縁起」を見ればわかるように、「無明」は、思慮深い分析の結果として、きわめて知性的・論理的に示される洞察的知識である。これが十分に認識できれば、何も苦労は要らないだろう。治療という実践は「無明」の認識に近づくことからはじまると言ったが、それは必ずしも、意識的ないし知識的に「無明」を把握するということではない。「無明」という教えに示されるような「根本的無知」が自分にもあったのではないか、自分はいままで何とも浅はかな生き方をしてきたのではないか、どうしてこれほど眠りこけてきたのだろう、などといった意識が、漠然と感じ取られるようなことは、人生のなかでは幾度か誰にでも訪れる。ここでは、そのような自己反省的意識の萌芽を指して使いたいと思っている。いわば「無明」の予感のようなものである。

このような認識は、言うまでもないが、人生の初期には起こり得ないだろう。人生において自分が無知であったなどという認識は言うに及ばず、縁起や四諦などの道理に少しでも理解をもとうとするような動機が生じるのは、自分が歩んできた人生を反省するといった意識がないところには生じてこないはずである。「自己反省的意識」は、思考の発達（ピアジェの「形式的操作的思考」）を待ってはじめて可能となる意識であり、人は少なくとも思春期に達するまでは、このような「自己反省的意識」をもつことはない。つまり、「無明」の認識は、自我がそのような機能を獲得する以前の発達段階ではなされないと考えられる。

前節で見たように、「同一化」は生まれた時からずっと無意識的になされている心理過程である。その無意識的な過程に反省の目をもって向き合おうとするような作業は、それを意識できるだけの十分な精神的発達がなされていなければできないことである。また人生における「反省」は、それまでの人生のあり方の誤りや偏りに気づかされるような、何らかの体験的契機によって生じてくるものでもある。そのような体験は通常、人生の前半では意識される程度は薄く、人生の後半になればなるほど、より強く意識されるということは、きっと誰もが感じていることではないだろうか。精神的病いの苦悩や身体的病いへの罹患はもとより、仕事上の大きな失敗や挫折、離婚や人間関係のもつれなどを通して、人は自分のあり方に、「自己反省的意識」をもって向き合うきっかけを与えられるのである。

その出会いは、ほんのかすかに予感的に感じられるようなものから、その人の生き方を一変させてしまうほど衝撃的に強烈に意識されるものまで、程度はさまざまであろうが、人はそこにおいてはじめて「無明」に出会うのである。「同一化」の過程は、その時まで無意識的なまま留まり、なされ続けていくにちがいない。

しかし、たとえかすかな断片的なものであっても、「無明」の認識を契機に、人はそれまでの人生を「反省」するようになる。その反省的自覚が意識される程度はさまざまだとしても、心理療法というものは、そこからこそはじまるものであろう。児童の心理療法の場合などは別として、ほとんどの心理療法は、この「自己反省」あるいは「無明」との出会いを出発点としてはじまるものであり、仏教もまたその作業であることに変わりはない。

人生の「無明」に出会った人間は、そこから、それまで歩んだことのなかった新しい道を歩んでいかなければならなくなる。それまで無意識でいたものに、それからは自覚的な関わりをもって接していく努力が求められる。それは、時に人生の前半とはまったく反対の生き方さえも必要とされるのである。ユングはこれを「人生の午後の問題」「中年期の危機」などと呼んで、自らの仕事の中心的位置に置いていた。ユングだけでなく、ジェームズ、ホーナイ、マズロー、フロムなども、彼らはみなこれと共通する主題を追いかけていた人物であると言うことができる。彼らの仕事は、決して単にそれぞれの個人的興味からなされただけのものではなく、現代という時代に生きる心理療法家としてその道を探求する必要性を深く感じたところから、強い責任を担ってなされたものなのである。彼らはみなそれぞれ、仏教にはとりわけ強い関心を向けた人物であるが、それは何の不思議もない。なぜなら、仏教は——二千五百年も前に生まれたものではあるが——心理療法の対象範囲が変化し、その枠組みを大きく広げはじめた現代的状況においてこそ、とくに強く必要とされる偉大な心理療法の体系だからである。

七、現代人の「三毒」

前章で詳しく見たように、「煩悩《ぼんのう》」とは、人間が理想の状態に進むことを妨げる心の作用、または性格素質を指す。その最も基本的なものが「三毒」と呼ばれるもの、つまり、「貪欲〔むさぼり〕」「瞋恚〔いかり〕」「愚痴〔おろかさ〕」である。これらは——西洋とは異なった視点に立つものではあるが——人間の心理学的要素を言い表すものと言って差し支えないだろう。つまり「仏教の心理学」では、この「三毒」が、人間にとって最も重要な心理学的要素として位置づけられるのである。

とすれば、これらを現代の考え方で「翻訳」する作業には、特別の価値が与えられるべきであろう。さまざまな翻訳が可能かもしれないが、それらの一つとして、ここでは「三毒」という人間の最も代表的な「煩悩」について、いま少し掘り下げて考えてみることにしたい。

「貪欲〔むさぼり〕」という言葉は、西洋ないし現代社会では、ふつう食物や富などの物質的な物を求める欲求に限定されて使われることが多い。だが、仏教の「貪欲《とんよく》」は、それよりももっと広い意味をもつ用語である。それは、自己イメージや人間関係などにも当てはまるものであり、嫉妬や怒り、欲求不満など、人間の感情や行動を根底で強く左右する心理的要素と言えるだろう。

「瞋恚〔いかり〕」もまた、ふつう使われる「怒り」よりも、かなり広い意味をもたされた概念である。「貪欲」が、所有したい、経験したい、という強迫的な欲求を含むものと考えてみると、「瞋恚」は、回避したい、という強迫的な欲求を含む心理的要素と言えるかもしれない。そして恐怖や怒りという感情、防衛や攻撃といった行動は、それが表に現れた症状と考えることができる。なぜなら、私たちは、回避しなければならないと感じているものがある時には、それらに対して恐れを抱き、防衛の態度を取る。そして、それらを生み出した人々や状況に怒りを感じはじめ、それらを攻撃したり、破壊しようとする気持ちを正当化しようとするようになるからである。

「貪欲」や「瞋恚」とは、人間がもつ基本的な欲求でもあるわけだが、仏教が問題にするのは、それに支配されて生きることに対してである。それらに支配されている人々というものを考えてみると、自分の欲するものを手に入れ、恐れているものを回避しようとする終わりなき追求に心を奪われている人々ということができるのだが、これは、いまのこの時代のなかで、必死に「幸せ」というものを求めて生きる現代人の姿と重なってくる。

人はつねに幸せを求めて生きている。だが、その幸せとはいったい何なのかが、現代人にはわからなくなっているのではないか。このわからなくなっているあり方、それが「愚痴〔おろかさ〕」であろう。現代人はこの愚痴によって、貪欲や瞋恚という「人間が理想の状態に進むことを妨げる心理的作用」をますます肥大させているのではないだろうか。気持ちを落ち着けてくれるものを手に入れ、恐れを抱くものを回避し、攻撃することにうまく成功したとしても、それは一時的な満足しかもたらしてはくれない。そこには、何らかの欲求されているものや恐れられているものがつねに存在しているのであり、そうしたプロセスは、ただ単に「貪欲」や「瞋恚」の連鎖・悪循環をさらに強力にし、その首を絞め、牢獄に閉じ込めているだけである。

そして個人の「貪欲」や「瞋恚」が広がっていけば、それらが社会的活動に映し出されてくるようになる。たとえば物質的な慰めをむさぼり求めるところからは、消費のレベルを止めどなく要求するライフスタイルが、加速度を増して生み出されていくだろう。それはまた、一方で多大なエネルギーと物質の輸入を要求し、私たちを外国からの供給物に依存させてしまうことになる。ガンジーはこう言っていた。「世界にはすべての人間の欲求を満たせる十分なものがある。しかし、すべての人間の貪欲なむさぼりを満たすだけのものはない」と。

「愚痴〔おろかさ〕」は、現代人に蔓延している「病い」のようでもある。私たちの経験は、「貪欲」や「瞋恚」の肥大によって、自分たちにはもはや認識できないような形で歪んだものになっているのではないだろうか。それは現代の文化的特質として共有されているがゆえに、色眼鏡がはめられたようになっており、滅多に認識されることがないのである。

八、集団的眠りと「苦」

このような「三毒」の考え方は、最初は奇妙に聞こえ、西洋的ないし現代的視点からは、まともに受け止められないもののように見える。しかし、現代の心理学的記述にも、一九六〇年代頃から似たような考え方が提出されはじめている。たとえば、スタンフォード大学の心理学者ウィリス・ハーマンは、「催眠」という用語を使って次のように述べている。「われわれはみな幼児の時から催眠状態にある。われわれは自分自身についても自分の周りの世界についても、それらがそうある通りに認識せず、それらを知るために信じさせられてきたやり方で認識しているのである」[69]。また、ゲシュタルト療法の創始者である精神科医フリッツ・パールズは、「気づいているのは、われわれのなかの少数の人間である。現代人の大多数は、言語的トランス状態のなかで生きていると言わねばならない」[121]といった洞察を述べている。このような主張は、実際、近年のいくつかの実験的研究からも支持されはじめているのである[95,96,97]。

しかし、私たちは大抵、この「催眠状態」や「言語的トランス状態」を認識することはない。なぜなら、私たちはみなでそれを共有し合っていることによって、その状態から逸脱しないようにしているからである。先に見てきたように、「死の恐怖からの逃走」を続け、「代用の満足」をひたすら追い続ける絶望的な試みをしているのが人間であると捉えられるならば、私たちの生は、原理的に、そのあり方に気づくことができないようになっているのである。

「同一化」という用語を使うなら、次のように言うこともできる。私たちの意識は、その意識内容、つまり思考、感情、信念、記憶、イメージなどにまるで接着剤のように（同一化して）貼り付けられているが、そこでは、通常、誰もが思っている「自己」「自分」という意識さえ、その考えやイメージに囚われた「牢獄」のなかにいるようなものである。つまり、そのような「牢獄」の中にいる限り、私たちはつねに解放感のない苦しみに捉われ続けているのである。

ブッダが「四諦」で示した根本命題の「苦」とは、このような人間のあり方を指し示したものであろう。私たちは通常、その絶望的なあり方から決して逃れることはできない。つまり、生まれることそのものが「苦」なのであり、老、病、死のみならず、一時の喜び、求めること、生きること、一切の現象が「苦」なのである。

私たちは、その「苦」の「牢獄」のなかで「代用の満足」を生きながら、それを共有することによって「死の恐怖から逃れ」一時の安心を得ている。マズローはそれを「標準の精神病理（psycho-pathology of average）」[102]という言葉で呼んでいたが、私たちはみなでその「文化（cult-ure〔究極のカルト〕）」を共有し合い、「習慣的眠り（conventional slumber）」、あるいは「合意のトランス（consensus trance)」のなかで生を送っているとも言える[165]。

仏教には、人間の生の現実を「幻（maya)」と呼ぶ表現もある。いま述べてきたような西洋心理学の理解が、仏教の「幻」という考え方に重なることは言うまでもない。禅や瞑想の実践には、さまざまな目的があるとも言えるが、その「最終目標」は、この「幻」の「牢獄」から解放され（「解脱」）、「集団的眠り」から覚めること（「覚醒」）なのである。

「私」という「考え」は、「（本当の）私」ではない。それは「考え」ではない。そして感情でも、感覚でも、記憶でも、イメージでも、ない。しかし、それらを「観る」意識が、心の奥に確かにある（「第三の眼」という表現もある）。「考え」は「ある」。が、その意識から「観る」時、考える人（誰か）はもういなくなっている。つまり、「私」はもうそこにはいない（「無我」）。ただ、私という「苦」の「牢獄」（「幻」）を「観ている」意識があるだけである。「覚醒」とは、その確かな意識体験の獲得を言い表す言葉である。

第四章　現代心理療法としての瞑想

瞑想がこれまでの精神医学的治療の十分な代用になるという証拠はまだないが、瞑想は精神の平穏をもたらし、不安やストレスを軽減するだけでなく、心理治療プロセスを促進し、精神に働きかける治療薬の必要性を減らし、回復プロセスを助長するようである。……長い歴史をもって東西の諸文化に存在してきたさまざまな瞑想テクニックの治療的可能性を探り、精神科医や行動科学者たちがそれらを注意深く検討する時代がやってきたのである。

アメリカ精神医学協会、一九七七年

瞑想《メディテーション》が現代の心理学や医学から科学的視点で見直されるようになった歴史は、まだ非常に浅く、ほんの四十年ほどの歴史でしかない。しかし、短い間ながらもこれまでの研究成果には、将来の足がかりとなる確かな基盤が、すでに豊かに築き上げられているように思われる。西洋では一般社会への広がりを背景に、瞑想に対する科学的研究も徐々に活発に行われるようになっていき、現在、瞑想に関する科学的研究論文の数は千三百を超えるほどにまで増えている(107)（このデータは一九八五年の時点でのものである。現在では、おそらく二千を超えるものと思われる）。

瞑想の科学的研究のより詳細については、拙著『瞑想の精神医学』[9]を参照いただければ幸いだが、研究の姿勢や視点も、初期のかなり先入観に彩られた懐疑的・否定的な意見や、逆に過度に賛美するような意見が出された時期を過ぎて、近年では冷静で着実な研究が行われるようになってきている。

瞑想に関する科学的研究は、その効果を探ろうとする生理学的研究が中心的なものだが、それらについては他書[9]で触れたため、本章では心理療法との接点でなされた研究に焦点を絞って取り上げてみることにしたい。

仏教と心理療法は、実際、この瞑想を接点に置いてさまざまな形で深められているが、瞑想は現在、科学的研究努力とも手を携えながら、徐々に専門的心理療法や医療の実際の現場にも持ち込まれはじめている。その動きは、現代になって生まれてきた各種の新しい心理療法の発展とも合流しつつ、宗教という枠組みを完全に脱してさまざまに活用されるようになってきているのである。

本章ではまず、この医学的治療法としての瞑想の有用性を眺めるところから出発し、現代の医学や心理学の眼から見た、瞑想の治療的メカニズムを概観してみることにする。

現代において、もし、ある「技術」が有用だと言うのなら、その見解は現代の価値観のなかで検証される必要があるはずだ。仏教の修行としての瞑想を、現代的に単なる「技術」とみなす視点には問題もあるが、現代社会において仏教の価値を再発掘するためには、現代の瞑想に対する学問的研究やそのアプローチの視点などは意義あるものと考えられる。本章では一度それらを見渡した上で、さらに仏教と心理療法との関係についての議論を深めていくことにしたいと思っている。

一、医学に取り入れられた瞑想

瞑想が医学的治療として応用できるかもしれないという目を用意したのは、血圧降下作用などをはじめとする、主として生理学的臨床効果を調べようとした研究への注目が集まるようになったからである。(108)

医学の歴史のなかでは、近年になって「心身症」という概念が生まれ、身体症状に潜む心理的原因の重要性に目を向ける治療的アプローチが、内科などの一般医学のなかでも注目されるようになり、従来、精神医学のなかだけで行われてきた心理療法的アプローチがさまざまに応用され、広がるようになっていったという経緯がある。もともとの「心理療法」は、心理学的要因が原因として深く関わっているとされた（いわゆる精神科領域の）疾患に対して、対話などを通して治療を行おうとする方法を指すものであるが、いま述べた「心身症」や「ストレス」といった考え方を基礎にして、現代医学のなかには、「自律訓練法」や「バイオフィードバック療法」など、いわゆる自己訓練や自己コントロールを目的にした「行動療法的技法」も数々生み出されている。

本来の心理療法とは異なるものではあるが、これらの自己訓練的「心理療法」が出現してきたおかげで、瞑想も現代の医学的治療のなかで一つの心理療法としての位置をもつようになった。一般社会のなかで「セラピー」として応用されていた状況に遠くから支えられながら、瞑想は医学のなかにもこのようにゆっくりと浸透し、ついに医学的心理療法の一つとして検討されるべきものにまでなってきたのである。

また、この間、瞑想については諸種の心理学的立場からさまざまに豊富な研究的アプローチも行われてきた。とくに「トランスパーソナル心理学」と呼ばれる、心理学のなかに新たに出現した研究フィールドのなかでは、従来の心理学的理論をしっかりと踏まえながら、それまでは単に病的な心理的体験とされた東洋の瞑想伝統の記述などに認められる種々の特異な意識状態に対しても、詳しい理解が目をみはるようなスピードで深められつつある。(137)

現在、瞑想は一般社会で行われている心理療法の実践経験や、医学的世界での治療技法としての応用の成果などに支えられて、治療への応用を目指して、医学的・心理学的なアプローチをますます豊かに積み重ねている。

では、瞑想はこれまでの心理療法とは違ったすぐれた効果をもっているのだろうか？　治療効果があるとすれば、そのメカニズムはいったいどのようなものなのか？　そして、もしそれが治療であるなら、そこにはいわゆる、治療の副作用や危険性のようなものはないのか？　現在、心理療法としての瞑想に対しては、このような観点にも立って、数々の心理学的角度からの研究が積み重ねられている。ここからはこうした疑問も念頭に置いて、これまでの研究成果を基礎に、瞑想のもつ治療としてのさまざまな側面を考えてみることにしたい。

1　瞑想のタイプ

心理療法としての瞑想の具体的な検討に入ると述べたが、その前に、もう少しだけ、瞑想そのものについて触れておかなければならないことがある。瞑想と一口に言っても、瞑想には数々のテクニックが存在しているということだ。ここでは、心理療法としての瞑想を考えるにあたって、有用となるおおまかな二つのタイプ分けについて見ておくことにしたい。

二つのタイプとは、「集中型」と「洞察型」と呼ばれるものである。これは瞑想研究においては第一人者的存在である心理学者ダニエル・ゴールマンの分類[66]だが、多くの研究で使用され、現在では広く一般的な見解となっている。

まず第一に挙げた「集中型」の瞑想とは、たとえば蠟燭の炎やマントラ（呪文）など、何らかの対象に注意を固定して集中するタイプのものを指す。このタイプは、ヨーガなどの伝統で広く行われているものだが、心理療法として西洋で応用されたものとしては、「ＴＭ（超越瞑想）」が最も広く使用された代表的なものである。集中型の瞑想では、日常的な精神機能が抑えられ、注意が一つの対象に固定されることで、ある種の深い精神の集中状態がもたらされることになると考えられる。

もう一つのタイプ「洞察型」の瞑想とは、注意を一点に固定することよりも、内面の精神機能の性質を洞察することのほうに重点が置かれるものを指す。その代表的なものは、もともとタイなどの東南アジアの国々やスリランカなど、南方の上座部（テーラワーダ）仏教の伝統的修行のなかで行われていた「ヴィパッサナ瞑想」と呼ばれるものである。この瞑想は、近年のアメリカでは、心理療法として導入されるもののうちで最も代表的なものになってきており、「マインドフルネス・メディテーション」という言葉で英語の心理学用語としても定着してきた。

ヴィパッサナ瞑想では、痛みや熱感などの身体感覚であろうと、さまざまな感情や思考などの精神内容であろうと、意識にのぼってきたものそれぞれを、それがどんなものであろうと、かたくなに無視するようなことはしない。それらに対して判断を下したり、選択したり、注意を固定したりすることなく、ただ生起するまま、過ぎゆくままに、観察することだけが目指される。つまり、そのゴールは集中ではなく、あえて言うならば、自身の精神プロセスをより明晰に知ること、あるいは瞬間瞬間への気づきを培い、ある種の洞察を得ることのほうに重点が向けられていると言える。

禅の場合は、きわめてシンプルながら、この両者の要素を同時に含んだ実践体系であると私は考えるのだが、心理療法としての瞑想を考える場合には、現在、研究者たちによってよく使用されているこの二つのタイプ分けがあることを知っておくのは重要であろう。なぜなら、二つのタイプはそれぞれ実践者に異なった効果をもたらすと考えられ、臨床的に適用する際にも異なったタイプの瞑想と考えられるからである。たとえばTMとヴィパッサナは、いま述べたように大きな相違点をもつ。心理療法としての適用には自ずとこの相違点が意識されねばならないだろうし、治療の目標——たとえばストレスや不安の軽減が目指されているのか、心理的内容への気づきや洞察がもたらされることが目指されているのか——を考えたり、そこでの治療的心理メカニズムを探ろうとする際にも、この相違は不可欠の視点になってくる。これから述べる心理療法としての治療メカニズムなどについての検討には、まず瞑想にこのような大きく二つのタイプがあることをあらかじめ念頭に入れておきたい。

2 リラクセーション反応

瞑想によって身体に有益な生理学的指標の変化が引き起こされることを報告した研究は数多く見られる。現在、一応の合意が得られていると思われる研究成果を挙げてみると、瞑想は、酸素消費、二酸化炭素産出、呼吸数、心拍数、心拍出量、血圧、体温などを低下させ、皮膚抵抗の増大などを引き起こす働きがあるとまとめることができる。[141] これらの変化は、ひとまとめに「リラクセーション反応」と呼ばれる。[25] これらの変化は、他のリラックスをもたらすとされる技法にも共通した変化として総括できるものだからである。

瞑想の治療的メカニズムについては、まずこうした視点、つまり、この「リラクセーション反応」が基礎にあるという考え方が生まれたことによって、一般的にも広く理解が広がるようになった。そしてこのアプローチが生まれたことで、瞑想は、医学の世界でも受け入れられやすいものとなり、まずこの立場からさまざまに理解が進められるようになってきたのである。

しかし、瞑想の治療的メカニズムを理解しようとする場合には、このようなアプローチあるいは、この「リラクセーション反応」という作用原理だけでは、とうてい十分な理解にはならない[1]。というのも、たとえば、睡眠も瞑想もそれぞれ深いリラクセーション反応をもたらすと言えるが、両者はまったく性質の違うものだからである。リラクセーション反応モデルは、種々のリラクセーション技法に共通するものを引き出しはするが、それぞれがもつ有用な価値や特徴的性質を見ることができない。また、リラクセーション反応モデルでは、瞑想のなかで起こっている主観的な体験プロセスについては、何の説明も与えることができないのである。

さらに、すでに述べたように、瞑想にはさまざまなものがあり、そのそれぞれが、効果という面でそれ特有のものをもたらす可能性があるという、重要な点を見逃すわけにはいかない。

また、瞑想のなかにはリラックスという言葉が当てはまらないような、種々の身体感覚をむしろ刺激して、さまざまな感情的・身体的変調を呼び起こすものも含まれる。すなわち、瞑想の治療的メカニズムを理解しようとするならば、「リラクセーション反応」は重要ではあっても、それで十分な説明になるものではない。

3　認知療法としての瞑想

「リラクセーション反応」は、主に身体にもたらされる変化に注目したアプローチと言うことができる。だが、瞑想にとって身体の生理学的な変化は、むしろ副次的な効果と考えるべきである。瞑想というものは本来、それによって実践者の自覚や認知面での変化をもたらすことに主眼が置かれていると考えられるからだ。治療としての瞑想も、こうした瞑想技法それ自身にとって、より本質的と思われる側面を重視して理解されるべきだろう。

では、瞑想によってもたらされる認知面での変化はどのようなものと考えられるだろうか？　たとえば、瞑想研究に造詣の深い精神科医アーサー・ダイクマンは、「観察する自己」という概念を用いて次のような説明をしている。

瞑想は、観察する自己をしっかりと築き上げ、その視野を広げることによって、習慣的になっている知覚や反応のパターンの解放を直接もたらす。対象へと向かう自己の動きが退き、それによる知覚の支配が止むにつれ、また、観察する自己が意識内容から引き出されてくるにつれ、人は、自動的に沸き起こってくる思考や感情や幻想の流れとの同一化を手放しはじめる。(48)

強い感情や繰り返し現れる思考にすっかり気を奪われ、それまではまったく自動的な反応パターンを無自覚に取っていたが、瞑想のなかで「観察する自己」の目が生まれ、そこからの見方や姿勢が徐々に増えていくことによって、いままでの（自動的）反応パターンが向きを変えられる。そして、そのことによって、行動のコントロールや修正がもたらされるというわけである。ダイクマンはこのメカニズムを、「脱自動化（deautomatization）」と呼んでいる。こうした見解は、先の「リラクセーション反応」などとはまったく異なった角度からの考え方だが、瞑想の理解にとっては、より本質的なところに焦点を当てているように思えないだろうか。

瞑想の医学への導入は、すでに述べたように、まず「リラクセーション反応」といった観点から接近されることによって、治療技法として理解されるようになったのだが、研究が進むにつれ、こうしたダイクマンのような理解の重要性と必要性は、ますます広く認識されるようになってきたと考えられる。

しかし、このダイクマンの見解のようなアプローチは、医学的な考え方や従来の一般的心理療法の立場とは、すぐに接点をもつことがむずかしい。したがって、ここではまず、先に述べてきたような医学的アプローチの延長上で、どのように瞑想を理解することにつなげられるのかを探ってみることにする。

4　認知行動療法の考え方と瞑想

現在、医学的なアプローチとして一般的になっている心理療法として、「行動療法」はその代表的な位置を占めるものである。先にも述べた「バイオフィードバック」などの自己コントロール技法も、広くは行動療法に入るとされる。また現在この分野には、「認知療法」と呼ばれる治療体系もあり、これらはしばしば「認知行動療法」という呼び名でまとめて呼ばれることも多い[2]。

瞑想は、言うまでもないが、本来、医学的治療を前提に生み出されたものではないので、治療を目的に科学的アプローチとして成立してきた「認知行動療法」などとは基本的にまったく異なるものなのだが、とりあえずここでは認知という用語が使われている点を捉えて、瞑想に応用できる考え方を探ってみることにしたい。

まず、「認知療法」の基本的考え方を簡単に見てみよう。例を挙げて、たとえば、パニック障害ないし不安神経症の場合を考えてみる。心臓の異常はまったく認められないのに、急に不安が沸き起こって強い動悸が出現し、恐慌状態に陥って病院を訪れるといったケースである。その不安は、理解できるような何らかのきっかけをもっていたり、何らのきっかけもなく現れてくることもある。しかし、それが病院を受診するほどにまで病的なものになるのは——認知療法的考え方によると——その人がそこですぐに「この動悸によって死ぬのではないか」と思ってしまうからである。そこには、即座に「死ぬのではないか」と解釈してしまうような「認知の歪み」が存在しており、それが病気を作り出していると考えられる。したがって治療は、この習慣的に身について自動的に浮かび上がってきている考え（「自動思考」と呼ばれる）を知り、症状を作り上げている誤った認識の態勢（「誤りのセット」、あるいは「スキーマ」と呼ばれる）を正すことでなされるとされる。[136]

要約すると、人間の行動（反応）には、出来事と反応の間に「自動思考（automatic thoughts）」と呼ばれるプロセスが介在していると考えられ、この自動的反応パターンが「認知の歪み」や「誤りのセット」を作り上げていると想定され、それを意識的に正すことが治療につながると考えられるのである。

このような考え方に立つと、瞑想との接点が少し見えてくるように思える。瞑想には、ここで言われるような自分自身の思考パターンや認知の仕方を、浮かび上がらせてくれる作用が期待できるかもしれないからである。[3] また、先に見たように、瞑想に習慣的な行動や認識のパターンを浮かび上がらせる「脱自動化」というメカニズムがあることを念頭に入れるならば、そこで原理として取り上げられる「自動思考」や「認知のスキーマ」が瞑想によって意識に浮上してきやすい、と理解することもできる。認知の誤りを積極的に正すという側面はないかもしれないが、瞑想は、認知療法が重要としているもの、つまり「自動思考」への気づきを増す有効な方法とも位置づけられる。

このように見てくると、治療技法としての瞑想には、西洋医学の行動療法的アプローチなどに見られるような「積極的コントロール」という側面はほとんどないとは言え、言わば「受動的コントロール」とでも呼べるような特徴があると捉えることもできる。瞑想は、症状に直接働きかけ、それを是正しようという態度を取るものではないが、そこから一歩身を引いて、同一化していた諸症状から自己を引き離すことを許すテクニックと言えるだろう。そして、そのことによって、症状に伴う強い感情を軽減し、コントロールをはかる可能性が期待できるのである。この要素は、瞑想のなかでもとくに、ヴィパッサナ瞑想に代表される洞察型の瞑想に認められる。

二、瞑想と心理力動的理解

リラクセーション反応や認知行動療法的見地からのアプローチをざっと眺めてきたのだが、瞑想が心理療法であるという見方を取るなら、どうしても忘れてはならない重要な理解がある。瞑想がいくつかの生理学的変化や行動面での変化、そして認知面での変化をもたらすとは言っても、それらの変化のいわば結果だけに目を向けてアプローチしただけでは、十分な理解は得られない。

心理療法という呼び名は、何らかの形で人間の「心理」に働きかけ、そこに有用な成果をもたらそうとするものを指すのであり、瞑想を心理療法として見ようとするなら、その意味でこの言葉を生み出し、長い歴史を積み重ねてきた理解の仕方、つまり「心理力動的理解」と呼ばれるものこそが最も重要な問題になってくるはずである。これは、近代の心理療法を築き上げたフロイトの精神分析を源流とする考え方から見て、瞑想がどのように理解されるか、ということである。ここではまず、精神分析の基本的な治療原理をかなり大ざっぱではあるが要約し、確認しておくことにしよう。

フロイトは私たちの「意識」を氷山の一角にたとえたが、私たちの心は「意識」という領域だけでなく、その水面下に広大な「無意識」という領域があって成り立っていると考えられる。精神分析的な考え方によれば、表面に種々の苦悩や諸症状として現れているものは、原理的には「意識」

から排除され、「無意識」という心の領域に押し込められ（「抑圧」され）、気づけないまま眠らされている心理的内容に原因があるとされる。つまり、精神分析的治療アプローチとは、そうした構造を成り立たせている心理的な態度（「防衛」）に気づいて、そうした態度によって抑圧されている無意識内容を浮上させ、それらを意識がしっかりと受け止めることで治癒に導かれるとするものである。

では、瞑想という営みのなかでは、この精神分析の言う「意識」と「無意識」のダイナミックス（力動的関係）、あるいはこの「無意識」という複雑なものに対する働きかけが、「治療的に」見て、どのようになっていると考えられるのだろうか。それを見ていくのが、ここでの課題である。

1　無意識に働きかける方法としての瞑想

瞑想をするとまず、自分の意識のなかに次々にさまざまな考えや思いが浮かんでいるのがわかる。ふだんはそれらに注意を払っていないが、つねに自分が何かを考えたり思っている、ということによく気づくはずである。それは、テレビを見たり、本を読んだり、人と会話しているわけではないのだから、自分の内面に注意を向ければ自然に起こってくる当たり前の出来事である。ただ、その状態を、退屈しないで、また茫然となったり、眠ってしまったりせず、自覚的に長い間続けていくのはなかなかむずかしいことも、やってみればすぐにわかるだろう。

次々に浮かんでくる出来事のうちには、ふだんはまったく意識していないようなことも入り混じってくる。別段重要な意味もないように思えること、たとえば仕事中に交わした何気ない会話がなぜかよみがえってくるようなこともあるだろう。つねに気にかけていることがなかなか頭から離れず、絶えず浮かんでくるかもしれない。また、急に何のきっかけもないのに、子供の頃の楽しかった思い出や悲しかった出来事などに思いを巡らせているようなこともあるだろう。そこには、ふだんは意識にのぼってこないような内容、つまり「無意識」のなかに眠っていたさまざまな心理的内容が、意識の表面に浮上してくる作用があるにちがいない。それが「治療的に有用な作用をもつ」とは即座に結論づけられるわけではないとしても、瞑想がこのプロセスを促進するとする心理力動的理解については、改めて説明するまでもないと思われる。

実はある見方をすれば、瞑想はこの点において、フロイトが創始した精神分析の古典的技法「自由連想法」と多くの共通点をもっていると考えられる。自由連想法とは、治療室という環境のなかで、ゆったりとした寝椅子《カウチ》に横たわり、心に浮かんでくるものを次々に言葉にしていく、という技法である。フロイトは催眠療法に限界を感じたところから、自由連想法を編み出していったと言われており、瞑想についてはまったく意識してはいなかったと考えられるのだが、自由連想法と瞑想との間に類似点を見るのは、決して奇妙なことではないように思える。

もちろん、自由連想法と瞑想は同じものではない。治療を目的にして治療者—患者という明確な枠組みのなかで行われるというところが、まず大きく異なっているが、その点に関しては、もし瞑想が現代の治療室のなかで心理療法として行われるということになれば、話が違ってくる。それに加えて、より根本的には、そこに言葉が介在するかどうかが、決定的な相違点である。自由連想法では、次々に思い浮かんでくるものが言葉にされ、それが治療者に伝えられて解釈がなされるが、瞑想では言葉が発せられることはない。

だが、注目しておきたいのは、近代の心理療法の出発点となった自由連想法は、そもそも「無意識」に対して治療的に働きかけるための有用なアプローチとして考え出されたものだということである。その意味で瞑想にも、その営みのなかにある「無意識」に働きかけるという側面を積極的に見ていく視点は重要である。

現代の臨床的研究報告には、精神分析的な心理療法的アプローチに瞑想を取り入れ、有用な成果が見られたとする研究は少なからず見られる(93、94、137)。それらの検討では、瞑想によって防衛が取り除かれ、恐怖、怒り、不安、絶望などの不快な感情的体験が出現してきたり、ブロックされていた過去の記憶や重要な出来事が劇的にベールをはがされるといったプロセス、あるいはまた、近親相姦や拒絶、見捨てられ体験などの過去の隠されたテーマが鮮烈に出てきて、過去の防衛が揺り動かされるといったことが見られると報告され、瞑想は、それまで引き離され、つながりをもっていなかった一連の心理的内容相互のつながりの自覚を容易にするような、認識の柔軟性をもたらす作用をもつという見解が述べられている。

つまり、瞑想は精神分析的に見て、防衛を弱め、「無意識」のなかに抑圧された心理的内容の出現を促すという作用が、臨床的に観察されているということである。

2　瞑想を取り入れた治療の例

いまだ試験的なものと言うべきだろうが、現在のアメリカなどでは、精神分析的訓練を積んできた精神科医が、実際に治療の一貫として瞑想を勧める様子も散見することができる。なかでもサンフランシスコ大学の精神科臨床教授であるセイモア・ブーアスタインは、これまでにも数々のクライアントと瞑想を使った心理治療の経験をもち、多くの臨床例の報告を著している。理論を少し離れ、ここでは他書[137]に掲載されている例を一つだけ要約して紹介することにしよう。

一年前の父親の死からはじまった不安と抑うつのために治療に訪れた、三十七歳の男性の治療例である。ブーアスタインはその症例に対して、まず伝統的な自由連想法を使った精神分析的治療を行っていたという。しかし、最初の二年間の治療では「不安の根源について知的に思い巡らすことはできても、主要な無意識的素材は何も出現していない」という不満が感じられていた。

その患者は、ブーアスタインが瞑想を治療に応用することを知っていたのか、あるいはアメリカではそのような瞑想の作用が一般的にもよく知られているからなのか、その点については記載がないのだが、不安を鎮める方法の一つとして、患者は瞑想に興味を示したという。そこで、ブーアスタインは治療の一貫として、十日間のヴィパッサナ瞑想のリトリート（集中合宿）への参加を提案することになった。

患者はそのリトリートで、ある女性に恋をしたのだが、その女性との関係なども含めて、治療場面では瞑想リトリートでの体験を話し合う時間が持たれている。そして、そこでは次のような洞察が語られるようになった。

瞑想の体験によって、「(以前は無意識だった幼児期の素材が現れ) いかに自分が (無意識的に) 自分の世界に〝おとしめる母親〟を住まわせ続けていたか、そして、いかに自分の全般的な小心さが屈辱の苦しみに対する性格的防衛であったか、また、父親が自分を母親から守ってくれなかったことに対して自分が怒っていたこと」に、はじめて気づくことができたというのである。

つまり、瞑想リトリートへの参加によって、それまでの二年にもわたる治療の膠着状態に、新しい展開がもたらされたわけである。ブーアスタインは、その患者の抑うつ的苦悩の原因について、彼が長年の間無意識的に抱いてきた父親に対する攻撃的感情が、その死によって再活性化されたのだろうと解釈しているが、瞑想を通して、それまで意識することができなかった幼児期の罪悪感や攻撃性が明らかにされ、そのことが効果的な作用をもったと考えられた。不安と抑うつは、その後には両方とも鎮まったという結果が記されている。

この症例を通して、ブーアスタインは、瞑想には神経症などの原因を形成するさまざまな心理的防衛を解除させる作用や、重要な記憶を浮かび上がらせる作用も見られると述べており、また瞑想がもたらすプロセスには、その人が治療上必要とするものを引き出すような傾向が認められるとも述べている[137]。ここには、先に述べたように、心の防衛が弱められ、無意識のなかに抑圧された心理的内容の出現が促されるという作用が、具体的に観察されていると言えるであろう。

3 無意識論と瞑想

抑圧された心理的内容の出現が促されるという理解が可能であるとはいえ、瞑想の治療的作用を考えるには、フロイトの「無意識論」それ自体に異なった理解をもつ必要も出てくるように思われる。そこで、ここではもう少し精神分析の「無意識」理論に踏み込んだ考察を加えておきたいと思う。

フロイトが「無意識」に行き着いたのは、言い間違いや錯誤行為、選択的な忘却や習慣的な反応、神経症的症状や夢、これらがある種の無意識的心理過程として起こってくるというすぐれた「発見」にあった。これらの現象は、明らかに、私たちの日常的意識が非常に狭い範囲のものであり、その外に、それとは別の内容をもった広大な精神的領域があることを示すものであろう。

フロイトは、この広大な精神的領域に名をつけることによって「無意識論」を展開したのである。したがって、精神分析の見解の初期には、それが精神に内在する「場所」として局所論的に扱われていた。だが無意識の局所論的理解の限界には、フロイト自身が気づいていたようである。それゆえフロイトは、後になると、イド（無意識）・自我・超自我という「力動的プロセス」を重視する方向を取り、そのなかに無意識を位置づけようとしたのである。だが、それでもやはり、無意識の局所論的位置づけは、最後まで明確に修正されることはなかった。

瞑想に心理力動的なアプローチをする際には、この無意識の局所論的な扱いがどうしても問題になると言わざるを得ない。この点で、ユングには、東洋ないし仏教の瞑想に理解を示そうとした最初の代表的精神分析家としての新しい考え方が期待できるかもしれない。結論的には、ユングもまた、無意識の局所論的位置づけに関してフロイトの枠組みを出ることはなかったと考えねばならないのだが、瞑想に対する理解を深める目的をもって、まずは一旦、ユングの取ったアプローチに目を配りながら考えてみることにしたい。

4　無意識への王道としての瞑想

ユングの無意識についての扱いは、つねにその自律的機能に重点が置かれ、無意識が意識と同じように、それ独自の目的・感情・思考をもつことが強調される傾向にあり、そこでは、夢のもつ深遠な神話的内容や「集合的無意識」がとくに重視される。したがってユング派の無意識のイメージは、つねに、基本的に馴染みのない、遠く離れた場所、そして、わけのわからない神秘や衝動が潜む、暗く、恐ろしい、他者という印象を強く抱かせるものになっている。そのために、ユング派の見解では、無意識はそれ独自の自律的機能をもった心的システムとして、意識下に蓄えられている精神内容の「貯蔵庫」とみなされるのである。

瞑想は、このような視点から眺められると、どのように見えるのだろうか。具体的にユングの言葉を引用してみよう。

　もし瞑想がどんな中心ももっていないとすれば、それは意識の解消のようなものであり、したがって無意識状態に直接近づくことであるだろう。……瞑想は無意識に至る王道の一つのあり方を示しているように思われる。(77)

ユングにとって瞑想は、夢と同じように、無意識に近づくための方法であり、「無意識への王道」なのであった。そして彼は、瞑想を内面的世界への引きこもりとみなしていた。ユングにとって瞑想は、あくまでも、まったく異質な東洋文化独特の伝統がもたらした産物であり、それは、西洋の「外向」の対極にある「内向」を進めるものなのであった。

われわれは、東洋の人間の精神的態度というものを考えに入れた場合、その教えは効果のあるものだと考えることができる。しかしながら、この現実世界から目をそらせて、無意識の中に永久に消えてしまう心の準備ができていなければ、教えだけがあってもどんな効果ももたないし、少なくとも望ましい効果はもたないのである。(77)

瞑想は確かに、私たちがそれまで十分に意識してこなかった精神の次元に接近させてくれるものである。その意味で無意識に直接近づく方法であるというユングの見解は正しいであろう。しかし、瞑想は「この現実世界から目をそらせて」内面的世界へ引きこもるものとみなすのは正しいだろうか。

ユングは瞑想を、時に耽溺にさえ導くような危険性をもった「無意識への明け渡し」であるとみなし、西洋人が安易にそれを行うことには、つねに声を大にして警告を発していた。しかし、そのような危惧は、瞑想に対する不必要な誤解からなされていたものと考えたい。

前章で一度検討したように、仏教や禅の「無我（noself）」や「無（nothing）」、「空（emptiness）」といった考えが、ユングにこうした幾分否定的な連想をもたらしていることは明らかである。しかし、それらは決して「忘我」や「耽溺」を示すものではない。それらはただ、「自我」や「自己」というものが、実体ではないということを示したものなのである。

ユングが「われわれにとって意識は自我というものなしには考えられない」（第三章参照）と述べたのは、この誤解に基づいて東洋的瞑想への意義申し立てを行ったものと考えられる。ユングの考えの筋道を見てくると、このような誤解が生じることもよくわかるのだが、そこからは決して、瞑想への的確な理解は得られないように思える。[4]

瞑想を捉えるには、その考えの筋道の出発点になっている無意識への考え方にまで遡って、それを改める必要があるのではないだろうか。そして瞑想を理解するには、ある程度の体験が必要なのである。ほんの少しでも実際にしてみるとわかるはずだが、はじめるとすぐ、そこにはさまざまな思考、感情、身体感覚、イメージなど、つまり意識の内容物（対象）が次々と現れ、それらに自分の注意が向けられていることがよくわかるはずである。たとえそれが、たとえば「数息観」などのように、ある一つのこと、つまり呼吸を数えることに意識を集中させようとするものであったとしても、それを続けていると、意識はすぐにさまざまなものに飛び移っていくことが観察できるにちがいない。

5 意識の流れを観察する

ウィリアム・ジェームズの観察は、この点で、瞑想を理解する上でも非常に有意義な心理学的論考になっている。前章でも見てきた記述であり、繰り返しになってしまうのだが、重要な洞察であるため、ここでもう一度取り上げて噛みしめておこう。

私たちの意識は絶えず変化している。いま見ていると思うと次には聞いており、いま回想していると思うと次には予期し、いま愛していると思うと次には憎んでいるなど、次から次にさまざまに入れ替わっていく。(中略) したがって意識は断片的に切られて現れるものではない。……意識は断片をつないだものではなく、流れているのである。「川」あるいは「流れ」という比喩がこれを最も自然に言い表している。今後これについて語るとき、われわれはこれを考えの流れ、意識の流れ、あるいは主観的生活の流れと呼ぶことにしたい。(75)

通常はほとんど気づかれることのないものであるが、このような観察は、とくに瞑想の初期の体験にうまく当てはまる。「止観」という言葉もあるように、瞑想(とくにヴィパッサナ瞑想などの洞察型のもの）とは、立ち止まって意識をよく観察することである。意識をよく観察すると、ジェームズが気づかせてくれるように、私たちの意識は、まるで鳥が止まり木を探すように、飛んでは止まるという運動を絶えず続けている。ある場所に止まって対象をつかみとると、また飛んでは別の対象をつかみとる、というように。

ジェームズはこの停止した場所を考えの「実質的部分」、飛行する場所を「推移的部分」と名づけていた。私たちの意識は、通常ほとんど前者によって占められていて、後者を意識することは確かに困難である。だがそれは、困難ではあるとしても不可能なものではない。

西洋の心理学は、その困難さゆえに、意識の流れの実質的部分を過当に強調するという大失敗を犯しているというのが、ジェームズの重要な現代心理学批判である。西洋心理学は、意識内容にばかり焦点を当て、あたかもその内容だけが意識であるかのように扱うという過ちを犯してきたのである。

このような意識の活動は、私たちが日々絶えず外部の対象（現実的世界）との間で行っていることなのだが、そこに観察しやすい意識（実質的部分）と観察しにくい意識（推移的部分）があることは、ほとんど気づかれることがない。このことが心理学という専門分野のアプローチにおいても気づかれずにきてしまったという点は、いかにも重大な欠陥であろう。

ジェームズの心理学は、あるがままの自然な自己観察が特徴であると言われ、その態度からはこのように、「意識の流れ」が重視される。ジェームズはこの「意識の流れ」を川に喩えながら、従来の心理学が見落としてきた視点に対しては、次のように強く注意を喚起していた。

伝統的心理学が説く明確な心像は、実際の心的生活のごく一部を成しているに過ぎない。伝統的心理学の説くところは、あたかも川はただ幾桶、幾匙、幾升、幾樽というような一定の形の水の集合から成っていると言うのに等しい。たとえ川の流れの中に実際に桶や升があるとしても、なおその間には自由な水が連綿と流れている。心理学者がまったく見落としているのは、意識の中の正にこの自由な水なのである。心の中のすべての明確な心像は、その周囲を流れる自由な水に浸かっており、染められている。(75)

6 意識の背景としての瞑想

無意識へのアプローチも、このような見落としに基づいてなされているという点で例外ではないだろう。つまり、フロイト以来の西洋心理学の「無意識」は、抑圧された「性的内容」や「攻撃的衝動」、「神話的イメージ」などの内容に焦点が当てられたものになっており、それゆえに「貯蔵庫」として捉えられるのである。

だが瞑想の経験から見ると、意識に現れる諸内容は、あたかも広大な空《そら》という意識の流れに浮かぶ雲のようなもの、あるいはジェームズが巧みに表現したように「桶」や「杓」で掬い取られた水のようなものである。川の表面に浮かんでいるものや桶で掬い取ったものを意識とすると、無意識はその奥深くの、より大きな桶や杓で掬われるものと考えるより、川そのものと考えるほうが妥当ではないだろうか。川そのものを把握することはなかなかできるものではないが、川という体験は深まりの程度によって見え方を違えながらも、可能であろう。

この川を直接体験する方法が瞑想である。川はいくら桶で掬っても体験できない。それは本来、概念で把握しようとしても、あるいは思考（二元論）でつかみ取ろうとしても、つかむことはできないものだからである。このようなつかみ方をすることなく、ただひたすら観察し体験すること、それが瞑想なのである。

瞑想は、無意識に近づく方法であるというのは正しい。だがそれは、無意識の奥深くに潜っていって貯蔵庫から何かを取り出してくる、という比喩で語られるものではない。そうではなく、瞑想は、日常の意識様式から無意識を知る様式へシフトさせる手段と考えられるべきである。そして、そのレベルは瞑想の深まりに応じて変わってくるのである。

こう考えると、無意識は、意識の背景として捉えることが、的を得た理解になるように思う。意識の実質的部分は、推移的部分なしには存在しない。桶の水は川がなければ掬えない。雲は青空なしには見ることができない。意識と無意識は別々に存在するものとして分けて考えることはできない。実質的部分や桶や雲に意識の焦点を当てている意識を少しずらしてみるならば、そこにはまた違った風景が現れてくる。無意識とは、意識されないものという意味で無意識なのであり、逆に言えば、それは意識された途端、無意識ではなくなる。

ゆったりと流れる川を岸辺に立って眺めている様子を思い浮かべてほしい。はじめは川面に浮かんでいるものなどに意識がいくかもしれない。しかし少し視点を変えてみると、その背景には波打つ水面が見える。広がってゆく波紋を見つめながら、自分の心の動きにも目を向けてみる。するとそこには、それまで気づかなかった意識内容が次々に流れていく。その意識は決して、内面から浮かぶ意識内容だけに向けられてはいない。そこでは、川面もまた意識に入った状態にあるはずである。その時、波紋を見つめようとしていた自分は、いつしかどこか背景に退いている。そしてふと気づくと、波紋を見ていながら内面の心理的諸内容にも同時に注意を配っている意識、つまりさまざまな意識内容すべてを平等に「観ている」意識があることを発見するかもしれない。そうした過程はしだいに深められ、意識内容を次々に変えていく。

こうした経験は、通常の意識とは少し異なった「意識状態」、あるいは「意識レベル」において認識されていると考えられるはずである。有名なユングの集合的無意識の体験などは、夢に現れるものを中心的に指すものだが、ユング自身の経験として語られているフィレモンという名の老賢者との対話などは、散歩中になされたものである(80)。そのような経験は、決して通常の日常意識で経験されるようなものではない。それは、通常の意識とは異なる意識状態において認識されるものなのである。

それまで意識されはしなかったが、意識されるようになったもの、それが無意識である。瞑想の経験は、無意識が意識レベルが変化することによって開かれてくることを示している。

ユングの用法とは異なる理解ではあるが、瞑想は無意識に近づく有用な方法であり、瞑想の体験の進化は、意識レベルの深まりを捉えたものとして考えれば、このような考え方は、治療という点でも有用な理解につながると考えられる。

7　退行か成長か

「無意識」の理解を巡って、現代の確立された精神分析的立場から、かなり離れたところまで進んでしまった。議論を少し戻しておきたい。

というのも、現代の正統的な精神分析的立場を踏まえると、瞑想が無意識に近づく有用な方法とする見解は、まだ決して十分に承認を得られるものではないからだ。精神分析の伝統は、古くから瞑想に対してはかなり批判的な目を向けてきた歴史があり、安易に新しい解釈が許される状況にはない。そもそもフロイトは、宗教的体験あるいは大洋体験と呼ばれるものをすべて、自我発達の最も原始的な段階への心理的「退行」の産物とみなしていた。その伝統を受け継いだ精神分析的視点は、その後も瞑想に対して強い拒絶感をあらわにするものが続いたのである。

たとえば、次のような意見がその代表的なものだった。「瞑想とは、子宮内の生活状況への心理学的、身体的退行であり……、一種の人工的精神分裂病である(3)」。

しかし、そうした学者たちの批判的な見解が多かったにもかかわらず、瞑想は西洋の一般社会のなかに広く浸透していった。現代の「瞑想研究」は、こうした一般社会への広がりが基礎になって、その後押しを受けながら進展してきたものでもある。当然ではあるが、そこには、当初のようにははじめから懐疑的な態度を取ったりすることなく、瞑想に対して正当な評価を心がけようという、心理学者や精神科医たちも現れるようになってくる。そしてそのなかには、自ら瞑想を行いながら実践しようとする学者たちも現れるようになってきたのである。

それらの流れは、精神分析学派のなかにも、瞑想に対して共感的な態度、つまり瞑想に精神分析的状況との類似性や接点を見つけ出そうとする視点をもつ人々をも生み出すことになった。瞑想は一時的退行だとしても、そこには発達のなかの未解決の諸問題を再活性化するプロセスが見られる(138)とするような肯定的見解も出されるようになってくると、さらには、瞑想には、単に退行だけではなく、未解決の無意識内容を積極的に引き出し治療的な効果をもつ「適応的な（成長を促す）」すぐれた側面があるとするような見解も提出されてくるようになる(56)。

すなわち、こうした動きのなかで、従来の精神分析的なアプローチを支えていた基本的枠組みである瞑想状態に「退行」を見るという視点にも変化が生まれ、そのなかに「成長」を促すという積極的な価値を認めようとする視点も出てきたのである。そうなると、それまでは瞑想状態に独特とみなされていたような認識以前の知的活動（脈絡なく浮かんでくるようなさまざまな想念）や白昼夢や幻想といったものが、単に「退行」による否定的な産物ではなく、ある種の成長を積極的に促す重要な要素をもつものだという考え方も出てくるようになった。

瞑想の本来の目的に思いを巡らせてみれば、それはもともと――たとえば「悟り」を目指すといったような――人間をある種の成長に導くための方法であったとも言えるのである。古典的な精神分析の枠組みからみれば、「退行」と考えられるのはよくわかるのだが、瞑想とは、そもそも人間を退行させる（以前の発達段階に後戻りさせる）手段ではなく、成長に導く（それまでにはなかった新しい発達段階、あるいは意識を呼び起こす）手段と考えるべきである。

瞑想に対する精神分析的見解は、この点で、いまでもさまざまに意見は対立しているように見えるのだが、もはや古い解釈に立った理解をあえて支持する必要はないように思える（この問題について考えるためには、現在、それを無視して通り過ぎることはできないような、非常に重要な意見も提出されている。それは、現代のトランスパーソナル心理学をリードする理論家の一人、ケン・ウィルバーによる「前／超の虚偽（pre/trans fallacy）」という議論である。本文では必要ないと思われるので、詳しくは巻末の註を参照いただきたい）。(175)[5]

三、ユング派の瞑想理解と能動的想像

退行か成長か？という議論は、ひとまず横に置くことにしよう。ここでは、フロイト派の瞑想理解の進展という流れで――先に述べた「無意識論」とは別に――ユングの瞑想への重要な精神分析的アプローチを、より深く探っていくことにしたい。

ユングは、フロイトとは異なり、自らの深い心理的体験にも突き動かされる形となって、今日で

は「変性意識」と呼ばれるような、一種の非日常的意識状態に強い関心を抱き続けた人物であり、ヨーガや東洋の瞑想的実践に関しても数多くの研究を残した。[6] 現代においては、瞑想研究も含め、西洋と東洋の間で本格的な思想的に深い次元での出会いがはじまりつつあるが、それはユングの仕事によって準備されたと言ってもいいほど重要な位置を占めるものである。

しかしユングは、すでに述べたように、西洋人がヨーガなどの東洋的瞑想をそのままの形で実践することには、終始強く批判的な態度を取り続けていた。現代の瞑想実践にとっては、このユングの意見は非常に重要な議論でもあるため、ここでもう少し詳しく紹介しておくことにしよう。ユングの危惧をまとめると次のようになる。

西洋人はキリスト教の非常に厳格な倫理観によって本能的衝動を力づくで抑圧してきた傾向があり、いわゆる西洋的進歩というものは、こうした性向によって大きな成功を収めてきたとも言える。だが、その反面、西洋人は無意識の世界に対して、強く不安や恐怖をもっている。西洋人がそうした不安をもちやすいのは、長い間そうした傾向の強い知的伝統のなかで育てられてきたからである。ところが東洋人は、この西洋人が恐れをもって接してきた無意識の世界に、数千年という長い年月をかけてじっくりとつきあいながら、それを人間の精神的成長や人格形成に役立てる技術を培ってきた。東洋では、古くから精神的な内面世界が重視され、主観的ないし無意識的なものに取り組む態度が育てられてきたが、西洋人にはそのような土台はない。ユングは、そうした伝統を身につけていない西洋人が、安易に東洋の瞑想的実践法に近づくことは決して勧められるものではないと考えていたのである。

が、そうは言っても、西洋人の瞑想への関心は現在、その他の東洋的な伝統的実践法をも含め、ますます高まるばかりである。実際ユング派の心理療法家からも、瞑想を自ら実践して取り組んだすぐれた研究が行われるようになっている。(114)ユングが危惧した西洋人による東洋的技法の実践は、すでに広い範囲で行われており、そうした東洋と西洋との出会いはすでに完全にはじまってしまっている。もしユングが、たとえば現代のアメリカを訪れ、多くの西洋人が東洋の種々の瞑想実践を熱心に実際に行っている姿を目にしたなら、何と言うだろうか。私たちはもうすでに、この本格的な出会いが進行中の時代に生きているのである。

とは言え、ユングが残した警告にはもちろん真剣に耳を傾ける必要がある。言うまでもないが、私たち日本人は世界的に見て東洋人という分類に入る。しかし、現代の、とくに戦後世代の日本人が新たに瞑想に触れようとする際などには、そこにユングが使っていたような「東洋人」という位置づけを当てはめられるかどうかは疑問だろう。現代の日本で瞑想への関心が新たに高まってきているとすれば、そこには現代の西洋文化の流れの影響が大きいはずである。そうであるならば、私たちは現代における西洋での意見を十分に参考にし、まずそれをしっかりと噛み砕いた上で、そこからまた自分たちのなかにある東洋的伝統の精神を、新たに掘り起こしていく作業が必要となる。

ユングは、先に述べたような考え方に立って、西洋人には瞑想よりも、彼自身が工夫して生み出した「能動的想像《アクティブ・イマジネーション》」という方法が適していると主張していた。次には、このユングの「能動的想像」を取り上げ、瞑想との関連について考えてみる。

1　能動的想像（アクティブ・イマジネーション）

東洋の瞑想の実践にユングが反対したのは、西洋人が自らの歴史的・文化的伝統のために無意識への恐れを強くもっていたり、無意識に対してあまりにもなじみがないという理由からだった。西洋人には、まずこの無意識がもつ性質、つまりそこには意識のコントロールには従わない自律的な力が備わっていることや、そのなかには積極的な創造的エネルギーが潜んでいることなどをよく知ることが先決だと、ユングは考えていたのである。そこで生み出されたのが、「能動的想像」という方法である。「能動的想像」は、瞑想と心理療法について考える際、その中間と言えるような重要な位置を占めるものでもあるため、ここでは少し紙幅を割いて触れておくことにしたい。

ユングは、「能動的想像」についていくつかの論文や著作のなかで触れているとはいえ、それを特定の確立された心理療法的技法として組織的に説明することはなかった。そのためもあって、現在でもこの方法は、たとえユング派の心理療法家であっても、必ずしも一般的に使用する心理療法の技法になっているわけではない。その理由は、ユングがどのようにしてこの方法に行き当たったのかを知れば明確になると思うのだが、それについて述べる前に、まずこの「能動的想像」の方法を簡単にまとめておこう（ユング自身が述べたこの方法についての具体的な説明は［註7］に記しておく）。

「能動的想像」とは、夢も含め何らかの内的イメージに意識を集中させようとするものである。それらに注意を注ぐと、イメージはさまざまに、自律的に、変化、発展していくが、その様子をまるで芝居を見る観客のように、じっと見つめ続ける。そして、ただそのイメージの変化を受動的に追いかけているだけでなく、それらに積極的に関わりながらも、その変化をしっかりと記録して留めておくという方法が「能動的想像」である。

ユングがこの方法を提唱するようになったのは、明らかに彼自身の体験に基づいている。よく知られているように、ユングはフロイトと決別した一九一〇年代、将来の方向性を見失って精神的にかなり不安定な状態にあった。彼はその頃、何もわからず、自分のなかから沸き起こってくる衝動のままに、子供時代に熱中していたブロックを積み上げて城や教会を作る遊びなどに夢中になっていた。また、その頃には明確に幻覚とも言える種々「ヴィジョン」に見舞われる体験もしており、「ヴィジョン」として現れる老賢人と散歩をしながら対話を繰り返したりなどもしている。(80)

これは、少なくとも日常的な意識状態とは異なった一種の「変性意識状態」であり、ある意味で、視覚的な側面に重点を置いた瞑想の一種であると考えることができる。というのも、とくに中国などには、「観想法」と呼ばれる一種のイメージ誘導を用いるさまざまな方法が古くから存在しており、それらもある種の瞑想と呼ぶことができるからである。ユングは、実際、道教の重要な瞑想法と言われる『黄金の華の秘密』や、極楽浄土の瞑想を描く『観無量寿経』などの研究にも深く関わっていた。

しかし、先にその理由を示したように、ユングはそうした東洋的瞑想法を西洋人が行うことには強く反対し、そのために「能動的想像」を提唱したのである。「能動的想像」もこの意味ではある種の瞑想と言って差し支えはないと思うのだが、もしそこに違いがあるとすれば、次のような点であろう。

つまり、東洋的瞑想法はそれらすべてがある種の宗教的目的を前提にしたものと言えるが、ユングが行った方法は、決して宗教的目的をもったものではなく、あくまでも個人的な関心から出発した瞑想になっているという点である。そして、そうした個人の関心から心理療法的な目的をもって、内面に出現するイメージを無意識からのものと捉え、その無意識の力に積極的に直面し、意識と無意識との統合を成し遂げることを明確な目的として考えていたことである。

2　ユングの創造的退行

ここで、先に述べた「退行か成長か」という問題に戻ってみたい。すでに、フロイト派の学者たちのなかからも徐々に、瞑想を単なる「退行」として捉えず、成長を促す側面があることに着目しようとする意見が生まれてきたことを述べてきた。「退行」のなかに成長を促す要素を見る、この種の見解は、過去にフロイトと決別したところから独自の体系を築き上げていったユングの考え方に通じるものである。[8]

ユングによれば、人間はつねに変化する外部の環境に適応しようと意識的態度を形成していくが、その態度が一面的になると、それに反するものが意識から排除され、抑圧され、そのことによって心のなかに対立する葛藤が生み出される。この対立葛藤の高まりが、心のエネルギー（リビドー）の動きを内面に向け、「退行」という過程を生じさせるのである。そして「退行」は、意識には捉えられないすべての心的過程を増加させ、無意識内容の価値を高めることになると考えられる。だが、その無意識内容は、フロイトが述べるような幼児期の性的色彩を帯びたものだけに限らず、意識にとっては部分的に不道徳で、醜悪な、さらには非合理的、空想的といった、まったく受け入れられない内容や傾向をもつものである。

「退行」によって心の表面に浮き上がってくるのは、こうした無意識の深層からくる「嫌なもの」である。それは、意識にとっては最初、一種の「ぬめり」のように感じられるが、それには、フロイトの精神分析が主張するような劣等な性質だけにとどまらない、それ以上のもの、つまり新しい生や未来に向けての可能性の芽が含まれているとユングは述べていた。(81)[9]

こうしたユングの見解には、「退行」という概念に関して、フロイトとは明らかに異なる理解が含まれているのがわかるはずである。ユングは、従来の精神分析においては否定的にばかり捉えられがちな「退行」のなかに、「新しい生や未来に向けての可能性」という、肯定的な側面があることを積極的に評価したのである。ユングの「退行」は、この意味で、時に「創造的退行」とも呼ばれる。

ユングのこの考え方を踏まえれば、先に述べてきたような、瞑想を「退行」と考える精神分析的見解も、必ずしも否定的なものとして捉える必要はなくなる。「退行」それ自体のなかに創造的な可能性、つまり治癒へとつながる肯定的要素を見ることができるからである。[10]

四、瞑想につながる心理療法の諸技法

「退行」については意見の相違が見られるとはいえ、フロイトもユングも、治療のメカニズムとしては、精神分析の基本的考え方である「無意識の意識化」という原理に基づいていると言うことができる。だが、この過程はそう容易に行えるものではないことも、両者が絶えず指摘してきたことである。彼らはそこから、さまざまに困難な道を乗り越えつつ、特殊な治療技法を編み出していったのである。

フロイトの「自由連想法」も、ユングの「能動的想像」も、そうした苦心の末に生み出されたものである。そして両者とも、治療のなかでとくに「夢」を非常に重視して取り扱っていた。彼らが「夢」を重視したのは、そこに「無意識」と「意識」とをつなげられる架け橋としての意味を見出していたからである。ふつうの日常的意識のなかでは、いかに注意を集中しようとも「無意識」を直接体験することは困難をきわめる。だが、睡眠中には意識水準が低下して「意識」による統制や抑圧が弱まるため、相対的に「無意識」の活動が高まり、それが夢のなかにさまざまな形を取って展開されてくると考えたからである。フロイトもユングも、この夢の体験が構成される独特の仕組

みを深く研究し、膨大な論考を残しているが、フロイトの場合は抑圧された性的願望、そしてユングの場合には意識的態度を補償するものという側面がとくに強調されて述べられる。先に述べたように、これは「退行」の過程のなかで表面に浮上してくるものと言えるが、その意味で、夢は一種の「退行」状態と捉えることができるのである。つまり、治療において夢がとくに重視されるのは、通常の覚醒時の意識では困難な「無意識」の活動が、意識的に把握できる可能性が多く含まれているからである。

「自由連想」も「能動的想像」も「夢分析」も、治療においてはそうした根本的な共通点を重視したものと考えられるならば、瞑想にもそれらと同じような作用機序が含まれていると考えることは、決して不自然なことではないだろう。実際、ユングは、すでに述べたように、瞑想を「無意識に至る王道」として考えていたのである。

たしかに瞑想は、もともと精神分析が言うような「無意識」を重視して、それに目を向けようとするものではない。しかし、これまでの記述や臨床的観察による事実などから考えれば、現代の確立された精神分析的治療原理から見ても、瞑想に、「無意識」の「意識化」を促す技術としての側面を見ることは許されることであろう。「無意識」の過程に巻き込まれて、自らを失ってしまっては治療は成り立たないが、瞑想においては、そこでつねに意識を保っておくことが基本である。決して意識を失うことなく、そのなかで「無意識」を体験できる方法だと考えられるならば、瞑想には、治療技法としての意義が十分に含まれている。

1　自由連想と瞑想

瞑想と自由連想の類似点については先にも述べたが、そもそもフロイトの精神分析は、彼が言う思考する精神の「批判的能力」を停止させることが可能であるという発見に基づくものであった。そしてフロイトは、後の精神分析家たちに繰り返し「判断を……停止し、観察すべきすべてのものに対して片寄らない注意を……向ける」[61]よう勧告したのである。そのような態度を崩さず、自分の心的内容に関心を持ち続けながら、それでも患者の話に耳を傾けること、これはまさに瞑想であろう。フロイトは、それを「平等に漂える注意」と呼んだが、それは、東洋の仏教者たちによって数千年の間実践され続けてきた、瞑想という注意の姿勢である。彼はそのことをまったく知らずに、たった一人でそのような態度を発見し、修得した人物だったと考えられる。フロイトは、それを精神分析に携わる医師の規範とさえ考え、次のような態度を述べている。「医師は自らの注意の能力への意識的な影響をすべて差し止め、自らを自身の『無意識的記憶』に委ねなければならない。または純粋に技法としていうと、医師は単に耳を傾けるべきで、何かを覚えているかには煩わされるべきではない[62]」。

しかし、フロイトのこのような主張は、後の精神分析家たちに引き継がれることはなかった。それは現代でも同じであろうが、そのような注意をもった意識の状態があるということ自体なかなか理解できるものでないし、ましてやそれをフロイトの忠告だけから汲み取り、実際に行うのは、かなり難しいことだからである。フロイトの勧めを実現させようと苦闘している人たちもいたようだが、主流の精神分析家たちからは、「ただ自らの無意識の中に漂っているだけで、ほとんど何も作業をしていない[59]」という否定的評価がなされただけであった[137]。

ともかく、このように振り返ってみると、現代の心理療法の基礎を築いた精神分析が、その出発点において瞑想とほとんど同様の意識的状態を重視していたという点については、もっと注目されるべきであると考える。すでにこの点を再認識して心理療法における瞑想の重要性を発掘し、現代の心理療法に生かそうとする努力からは、非常にすぐれた成果が数々もたらされている[58]。

2　イメージ療法としての瞑想

ユングの「能動的想像」も広い意味では含まれるが、近年では、心理療法の一技法として位置づけられる「イメージ療法」という言葉も存在する。この「イメージ療法」は、「精神分析」や「行動療法」などのように、ある特定の学派や技法のもとに成り立っている確立された一つの治療法を指すものではないため、独立した治療法として述べるのは困難なのだが、ここではさし当たり、心理療法過程のなかで現れる内面的イメージに注目して、それらを治療のために積極的に利用しようとするものすべてを総称して使用される言葉と考えておく。

近年になって出てきた新しい心理療法には、こうした、イメージを活用して心理療法に役立てようとするものが増えてきている。従来の心理療法につけ加える形で、さまざまにイメージを形にして治療に応用しようとする「絵画療法」なども盛んに行われるようになってきているし、種々のイメージ誘導を積極的に用いるものも活発に行われている。それらの活動は、古くから夢を治療に活用してきた精神分析的アプローチの延長上でも理解可能であるし、なかでもとくにユングの分析心理学の流れのなかで培われてきた、豊富なイメージや象徴の解釈が治療に有効に役立てられている。

心理療法としてとくに積極的にイメージを活用しようとした治療法は、古代ギリシャの神殿治療などにもあるように、医療の歴史を遡れば、最古の伝統的治療法とも言えるかもしれないが、近代的な心理療法の流れのなかでは、ユングの「能動的想像」が先駆的なものである。このようなイメージを活用する治療法に、瞑想との多くの接点を見出そうとすることはさほど奇異なことではないはずである。また、もしいま心理療法の現場で実際に瞑想的な方法が利用されているとすれば、それらを「イメージ療法」として考えてみるのは有意義ではないかと思う。

瞑想でイメージがどう扱われるかは、数々ある瞑想の伝統によって異なっていると考えられるが、たとえば、わが国に長い歴史をもつ禅の伝統では、内面に現れるさまざまなイメージは「魔境」と呼ばれ、意味のない、むしろ修行にとっては妨げになるものとみなされる。しかし、また別の伝統、たとえばチベット仏教などに伝わる瞑想の伝統のなかでは、そうしたイメージやヴィジョンを積極的に用いる技法が存在しており、[104] とくに中国の道教的文化に根づいてきた伝統などでは、古くから病いの治療を目的にして、瞑想のなかでイメージを活用する「観想法」がさまざまに使われてきている。中国の古典的テキストなどを紐解いてみれば、そうした病いの治療法は膨大な数にのぼる。[148]

現代では、近代的医療が無力と考えられるような癌の治療などにも「イメージ療法」的なアプローチ（「ヴィジュアライゼーション（視覚化）」とも呼ばれる）が行われたり、[146,147]古代から伝承されてきたイメージのもつすぐれた能力に注目する試みも行われるようになってきているが、[1]瞑想中のイメージが人間の歴史のなかでさまざまに病いの治療に応用されてきたということは、決して軽視されるべきではないだろう。こうした考えに立って、瞑想とイメージ療法との接点などにも注目しながら、数々の古典的方法が現代の新たな目で再発掘されていくという流れは、今後もますます高まっていくにちがいない。

ここでは、その一助とも考え、近年注目を集めるようになってきた「フォーカシング」という方法を、広くはイメージ療法に入るものと捉え、試論的に、瞑想と「イメージ療法」の接点となる治療メカニズムを考える参考にしてみたい。

3　フォーカシングと体験過程

「フォーカシング」とは、ロジャーズ派の流れを汲むジェンドリン[63]によって提唱された新しい心理療法の技法であり、近年では、わが国の臨床心理学にも盛んに導入・実践されるようになっている。ジェンドリンによれば、人間は環境との相互作用のなかでつねに変化する「過程」を生きているが、それは言語化や象徴化がなされる以前の、直接身体に感じられる経験である。私たちは瞬間瞬間に、そうした絶えざる感情や経験の流れを体験しつつあると考えることができる。

彼はこの過程を「体験過程（experiencing）」と名づけ、この「体験過程」が、たとえその意味や内容が明確につかめないものであっても、ある感じ（「フェルトセンス（felt sense）」と呼ばれる）として意識することができることに注目したのである。

「フォーカシング」とは、このいわば言葉以前にある「感じ」あるいは「体験過程」そのものに意識の焦点を合わせ、たとえ漠としたものであっても、そこに沸き上がる独特の感覚を身体で感じ取りつつ、それを言い当てる適切な言葉やイメージを探すことを通して意識化しようとする方法である。内面に注意を向ける技法の場合、その焦点の向け方によって意識される内容は異なってくる。たとえば「自律訓練法」など、身体の感覚にとくに注意を向けることが強調される技法を考えると、そのなかでほんの少し視点をシフトさせてみれば、「フォーカシング」において主張されるものと同じ感覚に焦点を当てることができる。これは瞑想を行った場合でも同様と考えられるし、瞑想を現代的観点から「注意の意識的訓練法」と定義する立場[9]に立てば、「フォーカシング」や「自律訓練法」も、一種の瞑想であるという捉え方もできるのである。

ジェンドリンの「フォーカシング」や「体験過程」の考え方を推し進め、今後こうした角度からの理解が深められていくならば、世界中で伝統的に行われてきた数々の瞑想法には、心理療法的に見てすぐれた要素が無尽蔵に眠っているとも考えられ、その有効な応用がさまざまに考えられるであろう。

五、心理療法における三つのアプローチ

現代の心理療法には数え切れないほどのアプローチがあり、これまでにも見てきたように、なかなか簡単に整理・分類できないことは誰もが納得するはずである。しかし、瞑想をその一つとして考えようとする時、心理療法を次のように大きく三つに分けて捉えてみることは、有用な考え方のように思える。ここでは、いままでの議論とは少し別の視点に立って、現代の心理療法における瞑想の位置を、一度確認しておく作業をしてみることにしたい。

瞑想にも造詣の深いアメリカの心理療法家ジョン・ウェルウッドは、心理療法という営みを人間の「反省的作業」として位置づけるところから、その深まりのレベルに応じて、「概念的反省」、「現象学的反省」、「反省的目撃」という三つのアプローチに分けている。[171] ここでは、この三つのアプローチについて考えてみることで、瞑想のもつ心理療法としての意味を別角度から浮き上がらせてみたい。できるだけこれまでの議論とつなげながら、ウェルウッドの考えを噛み砕いて紹介しよう。

1　心理療法という反省作業

心理療法のはじまりは、何らかの苦悩の自覚を通して、自己への反省的作業が開始される時であ

る。仏教と心理療法をつなぐ重要な考え方として第三章で取り上げたように、無意識的になされてきた「同一化」の過程に意識的に関わることが、治療という営みである、とすれば、心理療法とは基本的に、「反省的作業」であると言うことができる。そこでなされる第一ステップ、それが無意識的同一化過程に対して意識的に関わること、つまり、一歩下がってそれを築き上げている過程を反省することである。あらゆる心理療法（仏教も含めて）はここからはじまると言うことができる。この「反省」という作業は、まず「考え」によってなされるものであり、起こっていることを分析し説明するための、理論や概念を使って反省することが出発点となる。

心理療法の多くは、まずこの第一に挙げられる「概念的反省」を使ってなされるものであろう。心理療法家たちは、クライアントを悩ませている諸問題の解決のために、専門家としてさまざまな考え方や有用な方法を駆使し、できる限りの援助を差し伸べようとする。それは、クライアントが自分の体験を反省する作業に新しい見方を与えることにつながる。そして、治療者との共同作業によって、それを解決するための力が与えられるのである。現在行われている一般的なカウンセリングや行動療法、認知療法などは、主としてこのような態度によってなされているものと考えられる。仏教の「四諦」の教説もまた、まずこの作業を行うために提示されていると見ることもできる。

こうした作業は、基本的にみな概念による反省によってなされているものである。だが心理療法は、それだけによってなされるものではない。もっとクライアントの直接的な、生きた体験との出会いを重視する、いわばより深いアプローチを行うものもある。これが第二の「現象学的反省」と呼ばれるアプローチである。

概念的反省のタイプでは、クライアントの体験との関係はつねに理論的な構造によって媒介されている。このような反省のタイプでは、治療者はクライアントの体験を理解するために心理学的発達論や病理論などを参照しつつ、心理学的に有効性のある各種の技法を利用するだろう。そしてクライアントは、主として自身の体験について考える、つまり体験自身から一歩離れて、自分を見ながら話をすることで治療が行われる。

2 現象学的反省と反省的目撃

しかし、現象学的反省のタイプでは、体験それ自体との距離がより狭められる。たとえば、先に述べたジェンドリンの「フォーカシング」のアプローチでは、身体感覚を感じ取ることに注意が向けられ、そこにある「フェルトセンス」や「体験過程」を重視する方法が取られる。そこでは、概念的反省は一時脇に置かれ、体験そのものへの反省、つまり現象学的反省が中心になされるのである。これは、哲学用語である「現象学的還元」の本来の意味に則ったものであり、それを忠実に実行した行為と言えるだろう。

「フォーカシング」以外にも、フロイトの「自由連想」やユングの「能動的想像」、各種のイメージ療法なども、概念的反省を脇に置いてアプローチする心理療法という点で、この「現象学的反省」を重視した心理療法のタイプと位置づけることができる。

現象学的反省では、観察者と観察される対象との距離が縮まり、そのことによって体験が流動的になりながら、新しい変化が開かれてくることがある。たとえば、フォーカシングではじめに胸のあたりの緊張が感じ取られたとしよう。その感覚は、最初は不安や恐怖として意識に上るかもしれない。しかしそれは、さらなる反省を続けるうちに、無力感に、そしてさらに、愛されているという不確実な感じや優しさなどに変わっていったりする。はじめは脅かすものとしてあった体験も、それ自体のなかに降りていくことによって、自分自身を許す感覚が浮上してきたりするのである。

そして瞑想は、そのような作業をさらに深めた、より丁寧で繊細な反省を可能にするアプローチと考えることができる。そこではもはや特定の体験内容には関わりをもたず、ただ意識の流れそのものに注意が配られるからである。

瞑想では、観察者と観察される対象との距離はさらにより小さなものとなり、対象はただ目撃されるだけである（「反省的目撃」）。そこでは意識に上ってくる内容に意味を感じ取ろうとしたり、それを理解しようとしたりする観察側の意図さえも極力退けられており、現象学的反省とは異なるアプローチがなされている。

つまりこの過程は、体験内容や考えや感情にしがみつこうとする自我の傾向、すなわち、絶えず何かあるいは誰かに無意識的に同一化（執着）しようとする動きを緩めることにつながるのである。よく瞑想が二元論を超えた洞察をもたらすものと言われるのは、このことを指すが、その過程には無意識的同一化を緩めるという、治療的な作用が含まれていると考えることができる。

このように、瞑想は現代的な各種の心理療法とは異なったものではあるが、他のものにはない、特別な作用をもった心理療法的アプローチとして捉えることが可能である。症状の治療だけが目的ではなくなり、大きく範囲を広げられた現代の心理療法には、この第三のアプローチを生かすことがいま求められているように思える。

3　「脱同一化」と瞑想

この「目撃的反省」の治療的意義に触れたのが、イタリアの精神科医ロベルト・アサジョーリが提唱した「脱同一化（disidentification）」という考え方である。[20] アサジョーリは、もともとフロイトの精神分析を学んでいたが、のちには精神分析の治療論全体に対しあきたらなさを感じ、ユングからも深い影響を受けながら、独自の治療体系として「サイコシンセシス（精神統合）」という大きな心理療法体系を作り上げていった人物である。

アサジョーリの基本的考え方のなかには、「精神は分析されるものではなく、統合されるものである」とする、フロイトとは根本的姿勢を異にする態度があるが、そこからは、人間の通常の成人の発達レベルを超えた、より高次の段階をも視野に入れた非常に幅広い人間観が発展させられている。このような人間観は、現代になって生まれたトランスパーソナル心理学の先駆的な仕事にもなっているものである。

「脱同一化」とは、自分が行っているさまざまな「同一化」に気づき、それに距離をもって接することを指す。先に「認知療法としての瞑想」の項目では、ダイクマンの「脱自動化」という概念について述べた。それは、自動的に沸き起こっている知覚や反応のパターンを観察することによって、そこからの解放がなされるという考えであった。「同一化」のほとんどが無自覚に習慣的になされているものであるとすれば、「脱同一化」とはこの「脱自動化」とほぼ同じことを別の角度から見たものとも言える。瞑想では、この過程が促進されると考えられるのである。

瞑想――とくに洞察型の瞑想――においては、そこに起こっているあらゆる出来事に注意を配ることが目指される。そして、注意が配られたならすぐにまた、それに「同一化」することなく、そこから離れてまた別のものに注意が移っていくことに意識が配られ（「脱同一化」）、そのことによって、より全体への観察の目（気づき）が深く養われていく。この過程には、「同一化」していた症状やいわゆる「古い自分」に対して、それらを相対的に捉えることのできる視点が生み出されてくるという、すぐれた治療的意義が存在していると考えられる。

六、変性意識の治療的意義

これまでの議論を通して、瞑想には医学的・心理学的に、心理療法としてすぐれた有用性を示唆するさまざまな可能性が認められることを一通り眺められたのではないかと思う。より踏み込んだ細かな議論はいったん脇に置いて、一応の要点をまとめると、瞑想は生理学的に深いリラクセーションをもたらし、自己観察の目（気づき）を養い、防衛を取り除いて、無意識に抑圧された心理的内容の出現を促すといった治療的作用をもっていると言うことができる。

しかし、瞑想がもたらす心理的作用は決してそれだけにとどまるものではない。これまでは心理療法的側面の考察を目的に、従来の心理療法理論との接点を中心に考えてきたのだが、瞑想には、従来の理論では簡単に捉えることのできない特殊な側面があることを忘れてはならない。

それは、瞑想による心理状態が通常の「意識状態」とは異なったものかもしれないという重要な側面である。数々の瞑想伝統には、たとえば「悟り」とか「サマーディ」などと呼ばれる特異な意識の状態が語られ、記述されてきた。そして瞑想とは、もともとが、病いに対処する治療法などではなく、むしろそうした「一種の特異な意識状態」を目指してなされる実践法なのである。

現代の科学的瞑想研究には、こうした側面を重視し、瞑想を「変性意識状態」として捉えようとするアプローチがある。この「変性意識状態」という研究アプローチの基本的態度や考え方については、他書[9]でまとめたのでここでは触れないが、このアプローチは、瞑想研究の分野では非常に重要なアプローチにもなっている。しかし、本書の目的は、あくまでも心理療法との関連で瞑想を考えようとするものである。そのためここでは、「変性意識」という研究アプローチそのものではなく、瞑想を「変性意識」と捉える立場から、瞑想の心理療法的意義をさらに深める作業を行ってみることにしたい。

では、まずその議論に入るために、先に述べたダイクマンの「観察する自己」や「脱自動化」という考えに戻ってみよう。ここには、すでにこの「変性意識」という立場に踏み込んだ考え方が含まれているからである。

ダイクマンは、瞑想による認識の変化に焦点を当て、研究を進めながら、そこには「習慣的になっている知覚や反応のパターンの解放」が見られること、そして「自動的に沸き起こってくる思考や感情や幻想の流れとの同一化が手放される」プロセスがあることを述べていた。つまりそこには、通常の（分析的・抽象的・知性的）知覚構造あるいは認識モード自体に、ある「シフト」が見られるということである。そして、実験的な研究にも示されたように[46]、より生き生きとした鋭敏な知覚、知覚境界の融解、対象恒常性の減少、身体感覚や三次元感覚の消失、対象に溶け込むといった感覚などの出現は、そうした認識モードのシフトからなされたと考えられる。

ダイクマン[47]はそこから、「脱自動化」とは「にせの認識的確信から切り離されるプロセス」であるとし、そのプロセスによって、さまざまな神秘的体験や非日常的な知覚モードが導かれるとした。そしてそれらの諸体験は、以前は使うことのできなかったリアリティが意識にもたらされることによる「知覚認識の拡張」、あるいは「全刺激の新しい次元への気づき」として理解できると述べている。これは、以前には気づくことのできなかった（獲得されていなかった）意識の出現、すなわち通常の意識とは異なる「変性意識」についての記述だと言うべきである。

自己や世界に対する習慣的な知覚や考え方を「超えた」体験あるいは意識とは、「超越」という言葉でも言い表される。その意味で、瞑想は、その本来の目的からして、「超越」の体験に開かれ、ある。「超越」の体験は、しばしば言葉にできないと言われるが、そこにはいくつかの特徴、すなわち、すぐれた明晰さやリアリティの理解、無常性、受動性、合一感、存在相互のつながりの認識、肯定的感情などがあるとまとめることもできる(113)(11)。

もし瞑想によってこうした体験が得られるとすれば、瞑想の心理療法的意義には、これまで述べてこなかった特殊な要素があることが示されている。ただし、心理療法という枠組みのなかで、こうした体験が出現するということは、実際の臨床応用に際してはかなり慎重な検討の必要性が示されているということでもある。次章で述べるが、安易に治療に導入することは大きな危険を伴うような場合もあることを、十分に注意しておかなければならない。

しかし、瞑想の価値とは「あらゆる精神内容の流れ自体に気づきをもって接することによって、その人の個人的問題や苦悩へのとらわれを少なくすること」であり、そのことによって「個人のアイデンティティの感覚や自己に対する考え方に大きな変容がもたらされることである(48)」とするならば、それは心理療法的に見て、非常に重要なすぐれた意味をもったものと捉えられる。

また瞑想には、「孤立した自己のリアリティの信念というものが、健康を導くものではなく、苦悩を増すものになっているという認識を促進させる」要素があるとも考えられ(119)、仏教で言われるように、「人間の自然な本性がもつ心の純粋さや暖かさ、オープンさ、知性といったものを曇らせている自己増長的で自己欺瞞的態度に深い気づきをもたらしてくれる」要素があるならば(159)、これまでの心理療法の歴史においては考えられもしなかったような、根本的な「すぐれて特異な」とも言うべき治療的作用が潜んでいるとも考えられる。

心理療法とは、個人の問題や病いに焦点を当て、そこから本人がより健康になることを目指して行われてきたものだが、瞑想は、そうした姿勢とはまったく異なった立場に立って、人々に治療的な作用を与えるものと考えられるかもしれない。従来の心理療法が個人の心理的内容《コンテント》を取り扱うものだとすれば、瞑想はむしろ、その背後でそれらを成立させている意識状態という分脈《コンテクスト》そのものに取り組むもの、という言い方も成り立つ。

個人的な自己の問題にとらわれることのない視点、つまりこれまでなかった「超越」的観点から自分を見る目を得ること、それは日常的意識のなかに埋没していてはなかなかできることではない。そこで、ある種の実践によって、日常を離れ、そこから日常の自分を見る目を培うこと、そのことによって、苦悩の解消がなされるとするのが、「変性意識」の立場に立った治療論だと言えるかもしれない。「心理療法」という臨床的治療の枠組みのなかで、こうした見解がどれだけ支持され得るものなのかは、今後の臨床的研究の積み重ねに委ねられている。

七、自己実現と自己超越の意味

瞑想と心理療法を考えるには、まずそもそも、両者がそれぞれ何を目指して行われるものなのかという点を明確にしておく必要がある。だが、この問題についてはこれまで、あえて正面から取り組まないようにしてきた。というのも、本書では、瞑想が現代における心理療法《セラピー》という分脈のなかで、一般社会にしだいに浸透しはじめるようになってきた現状をまず受け入れるところから論を進めようとしてきたからである。

言うまでもなく、瞑想とは古来、宗教と呼ばれる体系のなかで行われてきた実践法である。つまりそれは、ある種の宗教的洞察を獲得する境地に達するための方法の一つとしてなされるものであり、それが目指すものは、西洋の心理学が目標として掲げるような、いわゆる自己を完成させること（「自己実現」）ではなく、いわばその先にあるとも言える自己を超えること（「自己超越」）だとも言える。

要するに、瞑想においては本来、精神の病理的状態を軽減させたり、感情的諸問題を改善させようとすることは考慮に入れられていないということである。そして、瞑想を行うような伝統的体系には、さまざまな意識的体験や深い洞察、特異な精神状態の記述がなされているとはいえ、心理療法が注目するような無意識や防衛機制の存在、不安や怒りや罪などの感情的葛藤、また幼児期の心理的外傷などといった問題に対する理解はほとんど示されていない。たとえ西洋心理学で言う無意識的内容が時として記述されたとしても、瞑想にとってそれらは、障害になるような邪魔なものとみなされさえする。また、そこには無意識内容を意識に浮上させる作用があるとみなせるとしても、その浮上した内容については、西洋の心理療法でなされるような扱われ方はされない。瞑想では、心理療法において理解されるような仕方でさまざまな感情や感覚に特別な意味が付与されることはなく、それらをただ、過ぎゆくままに観察することだけがなされるのである。

しかしながら、瞑想は無意識内容を閉じ込めブロックしてしまう方法というわけではない。両者にはこうした大きな違いが認められるのは確かである。だが、だからと言って、それらが必ずしも相反するものとして理解される必要はない。その目的とされるものを簡潔に一言で言ってみれば、一方は無意識内容を意識にもたらすこと、もう一方はより高次の意識を目指すこと、というふうに異なると考えられるかもしれない。だが、それらをまた別の視点に立って、意識の領域を広げることに関わるものという観点で見れば、共通したものと捉えることもできる。(134)

二つのアプローチの間には何ら関係がないこともあり、無意識内容への接近が深まれば、より高次の意識に近づくというわけではないし、無意識内容に接近することなく、より高次の意識に達することも見られるであろう。だが、この二つのアプローチは、つねにそれぞれの目的だけの達成を目指して行われねばならないというものではない。無意識内容の自覚を通して個人の諸問題が解決されるならば、そのことによって瞑想がさらに深まっていくことも見られる。

またその逆に、瞑想によって内面の世界に敏感になることによって、治療に必要な無意識内容の出現への開かれた態度が増すことにもつながる。二つのアプローチは決して相反するものではなく、両者が手を取り合って、さらにそれぞれの目的を深めていくようなこともあると考えられる。

したがって、瞑想と心理療法は、必ずしも一方は「自己実現」のためのもので、一方は「自己超越」のためのもの、といった区分けをして、まったく別のものと切り離して捉える必要はなく、人間の成長ということを考えれば、両者ともが協調的に働き得るものとして捉えられるのである。「自己実現」と「自己超越」については、第三章でも違う角度から取り上げたのだが、その結論でも述べたように、この二つの言葉をまったく別のものと捉えることに大きな意義はないと考えるべきである。

瞑想は、人間の成長にとって非常に重要な手段なのであり、宗教的分脈のなかで目指されるような意識の拡張を促進させるものであると同時に、治療において目指されるような個人の癒しを促進させるさまざまな可能性をも潜めたものとして、今後さらにその治療的利用が積極的に模索されるべきであると考える。

八、心理療法家のための瞑想

本章の最後では、大きく視点を変え、治療者にとっての瞑想という重要な意味を考えてみたいと思う。心理療法における瞑想は、治療手段としてよりも、むしろこちらのほうにより大きな意義があるとも考えられる。

心理療法家にとって最も重要なことは、何よりもまず、クライアントの言葉に耳を傾け、話を「よくありのままに聞くこと」であるというのは、誰も異論のないところであろう。ならば、良き心理療法家になるためには、あるいは良き心理療法家を育てるためには、この「よくありのままに聞く」ための訓練がなされなければならない。また、治療に当たっては、ロジャーズが「治療の必要十分条件[128]」として掲げた「受容」「共感」「純粋性（自己一致）」の「三条件」が、いわば心理療法に携わる者の「常識」とも言える重要な要素とされている。

しかし、これらの言葉は一見、誰にも簡単にわかるようでいて、理解するには実に奥が深い概念である。現在の心理療法家の訓練や教育は、ほとんどが理論や知識、技術や情報の伝達によってしかなされていないように見受けられるが、いま述べたような治療の最も根本に置かれる基本的態度については、改めてより深く考え直される必要がある。

理論や技術が重要なことは言うまでもない。だが、それらは決して心理療法家の「よくありのままに聞く」能力や、「受容」「共感」「純粋性」などを養い培うものではないだろう。それらはむしろ、知識があればあるほど、マイナスに働くようなことも見られるのである。

心理療法や対人援助の場において「受容」や「共感」が大切であるという時、それはもっともなことと皆がうなずく。だが、そこで重要なのは、「受容すること」や「共感すること」というより、「受容する心」「共感する心」というべき、人間のある種の「意識」がそこにあるかどうか、ということである。そのような心がなければ、「受容」も「共感」も成し得ないことであろう。言い換えると、そこに「受容する心」があるならば、「受容すること」は改めてその必要性を述べ立てるまでもなく、おのずとなされるということであり、「受容に努めること」が重要というわけではないということである。

心理療法や対人援助において大切なのは、この「心」がいかに豊かに身に備わっているか、養われているか、ということであろう。

「受容」「共感」と簡単に言葉で言うと、すぐにわかったような気になれるのだが、それは実際、簡単に身につけられたり、養えるようなものではない。ある人間を無条件に肯定的に受け入れるというが、そのようなことを実際、他者に対してしてきたことのある人はいるだろうか、と問いかけてみればよい。いわゆる「聖人」であれば可能としても、普通の人間の仕業としてはなかなか困難なことにちがいない。ならば、それがいかに治療という特殊な場であるからといって、そのような「心」をもったことのない人（その「意識」を知らない人）がそう簡単にできるようなものではないのである。

しかし、それらが治療や対人援助に際してきわめて重要なことは誰も異論はないのだから、簡単ではないとはいえ、少なくともそれに近づく努力を続けることが重要である。「受容」つまり「無条件に肯定的に受け入れる」という態度を、いかにして養い培うのか。これに関しては、もう少し別の角度からの議論も必要になると思われるため、後に第六章において、「思いやり」や「慈しみ」といった言葉への理解を深めてから、改めて瞑想との関係について考えてみることにしたい。ここでは一旦、「よくありのままに聞くこと」に話を戻して考える。

たとえば、あまり経験はないが心理療法の理論や知識をとにかくたくさん勉強してきたことで自信をつけた人がいたとしよう。その人はおそらく、クライアントの話を聞くにつれ、それまで勉強してきた、たくさんの知識を総動員して治療に当たろうとするはずである。「受容」や「共感」、「傾聴」の大切さはもちろん知識としてよく知っている。

その時、そこには何が起こっているだろうか。治療のマイナスになると思われるたくさんのことが思い浮かぶのだが、それらを一言で言うと、その治療者はもはやその場にいながらも「そこにいない」という事態が、最も大きなことにちがいない。

理論や知識は言語的思考を活発にする。しかし、言語的思考はその性質上、その場に現在進行形で起こっていることから離れていく動きを増すばかりである。たくさんの知識や理論が頭に浮かんで思考や想像の世界が次々に膨らんでいくならば、そこで話を聞いているという、実際に起こっているその場の体験への意識が薄れていく。その人は「いまそこにいなくなる」のである。これは「よくありのままに聞くこと」からどんどん遠ざかっているという事態である。この意味で「よくありのままに聞くこと」とは、「いまここにいる」という体験を重視することなのである。

規則的な呼吸に注意を向けながら、自分の注意がどこに向いているのかを「観る」という訓練を繰り返し行うのが瞑想である。すなわち瞑想とは、「いまここにいる」ための方法なのである。思考や想像の世界を膨らませて「そこにいなくなる」のではなく、つねに「いまここ」を意識して「自分にいる」ための方法が瞑想である。したがって、心理療法家にとっての瞑想は、その仕事にもっとも重要となる「よくありのままに聞く」ための訓練を提供するものになると考えられる。

「自由連想と瞑想」の項目で述べたが、偉大な心理療法の創始者であるフロイトが、治療者のための訓練として勧めた「平等に漂える注意」は、このことを言っていたにちがいない。心理療法における瞑想の意義は、すでにその創始者であるフロイトによって、その最も重要な点が発見され、よく認識されていたのである。フロイトは、治療者にとっての瞑想の必要性を強く主張していたと考えても大きな間違いはないであろう。

瞑想は、将来の心理療法にとっては、不可欠と言うべきほどに重要なものになるのではないだろうか。現代の研究や応用は、おそらくその時を目指して、いま重要な知見を少しずつ積み重ねているのである。

第五章　瞑想的心理療法の実践

瞑想を重ねるうちに、不安の軽減や、なかには病状の回復という例も見られるが、それだけにとどまらない。患者はさまざまなこと、とくに生と死という重要な問題について、感覚的に理解するようになる。……一般的に言えば生と死は、ある根元的なプロセスの二つの異なる面にすぎないことが直感的にわかるようになるのである。(146)

エインズリー・ミアーズ

座禅をして長年の頭痛やめまいが治った、などという話も時に耳にすることがある。諸種の自律神経失調症状やいわゆるストレス病などと呼ばれるものには、医学的治療だけでなくさまざまな民間治療が試みられるが、座禅や瞑想もまた、それらと同じように、一種の民間療法のようなものと見られている面があるのかもしれない。

しかし、現代では――日本ではまだまだだが――確立された医学的治療の現場にも、徐々にさまざまな形で瞑想や座禅が取り入れられるようになってきている。前章では主に精神分析などの「心理療法理論」との関係で瞑想を見てきたが、本章では、現代医学のなかでいま、どのような形で具体的にそれらが応用されはじめているのか、その実際の試みについて眺めてみたいと思う。

わが国ではいまだ、瞑想を中心に据えて医療に生かそうとする施設は存在しないようだが、治療応用を目指して各種の試験的研究を積み重ねてきたアメリカでは、すでにいくつかの公的な医療施設で実際に瞑想が導入されるようになっている状況が見られる。ここでは、そうした医療施設で行われている新しい試みのいくつかを紹介してみたい。

一、ストレス・リダクション（低減）

わが国でも最近では徐々に、「ストレス・クリニック」といった名前の医療施設が見られるようになってきた。治療として瞑想を取り入れているものとしては、まず第一に、こうしたいわゆる「ストレス・リダクション（低減）」を目的とした医療現場での応用を挙げることができる。

アメリカでは現在、瞑想を中心に据えた「ストレス・リダクション」を目的とする医療的施設がいくつか実際に存在する。その最も代表的なものは、マサチューセッツ大学メディカル・センターのストレス・リダクション・センター（ストレス・クリニック）である。この施設では、ヴィパッサナ瞑想（マインドフルネス瞑想）の長年の経験を積んできた心理学者ジョン・カヴァットジンが中心になり、すでに十年以上の歴史をもったプログラムが実施され続けている。[82]

このストレス・クリニックで行われている「ストレス・リダクションとリラクセーション・プログラム」は、八週間にわたって実施される。参加者は毎週二時間、「マインドフルネス瞑想」と、「ボディー・スキャン」と呼ばれるヨーガや自律訓練法に似た運動が組み合わされたクラスに参加する。そして、自宅での「ホームワーク」が毎日テープやビデオなどを使用して行われながら、途中六週目には、七時間半もの集中的な瞑想リトリート（合宿）も加えられるのが一般的なコースである。

プログラムに参加する人には、身体的・感情的症状を列記した質問リストが配られるが、その集計結果によれば、参加者が抱えている症状は一人当たり、一一〇項目の質問のうち、平均二二項目にものぼっている。患者として訪れる人々のなかには、心臓病、癌、肺疾患、高血圧、頭痛、慢性的な痛み、不眠症、皮膚病などさまざまな医学的問題を抱えた人たちが含まれ、長年医者にかかってさまざまな医療処置を続けているにもかかわらず、ほとんど効果が現れないと言ってやってくる人々（慢性的症状に悩まされてきた期間は平均七年間）も少なくないということである。

しかし、報告によれば、プログラム終了時には、気になる症状の平均が一四項目にまで減り、三六パーセントも症状が減っているという結果が出されている。これは、参加する人々が長い間さまざまな症状を抱えていたことを考えると、驚くほどすぐれた数字と言えるだろう。

このプログラムに参加した人々の数は、すでに現在では四千人を超えるまでに達しており、調査によれば、受講した人々の九〇パーセント以上が、終了後四年たっても何らかの瞑想トレーニングを続けているとのことである。最近ではこのプログラムが他の医療施設でも同じように利用され、その効果が検証されて確認されている(21、130)。

1　ストレスの心理

「ストレスの低減」を目的にする新しい医療施設では、瞑想がどのような考え方で応用されているのだろうか。フロイト以来の「心理力動的理解」とはまた別の見方も必要となるため、ここでは、現代医学からアプローチされている一般的な考え方と関連させて瞑想の意味を考察してみることにしよう。

ストレスと一口に言ってもいろいろだが、現代社会では、いわゆる「人間関係のストレス」や「仕事のストレス」といったものが、真っ先に挙がる大きなものだろう。非常に曖昧な言葉ではあるが、病院の外来にも、このような「ストレス」が原因と言うべきさまざまな症状で来院される方は少なくない。動悸、胃の痛み、消化不良、めまい、吐き気、頭痛などをはじめ、いわゆる自律神経失調症といわれる諸症状は、それらのストレスと深い関係をもって出現してくることはよく知られている。そうしたストレスというものは、一見すれば個人の外部の状況からくるように見えるかもしれないが、まったく同じ状況にあっても、人によって大きなものだったり、全然感じられないこともあるといった、いわばその人の内部の心理的な問題でもある。たとえば、職場で嫌な同僚が隣の席にくることになれば、その人にとっては毎日が大きなストレスの連続になる。しかし、その同僚とは前から趣味も一致して馬の合う人であれば毎日会社に行くのが楽しくなるだろう。パーティや会食などが大きな不安・緊張・苦痛の場になる人がいるが、そのような場に出ることが好きでたまらないという人もいる。

私たちは大抵、自分にとって好ましくない状況に直面すると、無意識のうちに敵対的な反応を示し、恐怖、怒り、不安、苦痛など即座に沸き起こるさまざまな感情に左右されがちである。嫌なタイプの人に会うと、話もしていないのに否定的な状況を自分で勝手に作り上げてしまったりする。そして、いったんそうした感情に支配されてしまうと、もはや自分に対しても他人に対しても冷静な正しい判断ができなくなり、円滑なコミュニケーションも困難になって、どうにもならない悪循環を作り出してしまうことにもなる。

2　ストレス反応とストレス応答

ストレスによって人に引き起こされる反応は「ストレス反応（reaction）」と呼ばれる。それは大抵の場合、自動的に無自覚に起こる反応である。しかし、その人がもしその場で、そこに何が起こっているのかを「観る」視点を持ち込めるなら、状況が変わってくるにちがいない。それまでの自動的に反応していた状況に新たな次元が加えられ、もはやただ自動的にではなく、ストレスに自覚的に関わること――あるいは現在に意識的になること――ができるようになるからである。

以前には自覚できなかったが、その状況を曇らせ、ストレスを大きなものにしていたのは、自動的に反応して沸き起こっていた恐怖や怒りなどの感情に左右されていたからである。嫌な上司に会った時などには、自動的にそうした状況がすぐできあがってしまう。しかし、そこにある恐怖や怒りなど自分の感情を意識し、それらを素直に感じ取り、受け入れるならば、それらと関連して沸き起こっていた思考や感情にまどわされることなく、ありのままに起こっている物事を見ることができるようになるだろう。瞑想は、この「自覚」のプロセスを促すものであり、落ち着きを失わないようにしながら、自分の見方を変えるのを培う訓練にもなる。

こうしたストレスへの自覚的な関わりは、通常の「ストレス反応」とは区別して考えられるべきものとされ、「ストレス応答（responce）」という言葉で呼ばれている。「無自覚的な反応」から「自覚的な関わり」へのこうしたシフトが起これば、ストレス反応の力を減弱させることが可能になる。ふだんからトレーニングを行うなら、ストレスに直面した時の無自覚な自動的「反応」を、自覚的な「応答」にシフトさせる力が鍛えられるだろう。そして、そのことによって、「ストレス反応」が減弱させられ、瞬間瞬間の無自覚な行動に代わる別の方法が用意されるのである。

ただし、自覚的な「応答」ができるようになったからといって、恐怖や不安や苦しみをまったく感じないようになれるということではない。そうではなく、それらの感情がその瞬間に存在していることに、より明瞭に気づくことができるようになるということである。その気づきは、それらの感情が生起してくるのを見つめることによって、強度を弱め、そこからすばやく回復するのを手助けしてくれるのである。

二、不安・恐怖・パニックへの対処

現代は「不安の時代」などとも言われるが、都市のなかで気ままな自由をもてるようになった反面、孤立しがちに生きる現代人の暮らしは、かつてなかったほどさまざまな不安を呼び起こす要因に取り囲まれている。病院での診療の際にもさまざまな不安を抱えて来院する人々にお会いするが、一旦、何らかの大きな不安が生活のなかに浮上してきてしまうと、それらを心からぬぐい去り、そこから離れることがなかなかできなくなってしまうことも多い。

不安や恐怖というものは、一度、心に浮かび上がると、そこに原因となる事実が何もないとしても、あらかじめ予期するだけで即座に巻き起こってしまうのが特徴である。不安が慢性的に続くようになれば、そこから招かれる精神的・身体的緊張の持続によって、自律神経系のアンバランスが引き起こされ、不眠をはじめ、動悸、めまい、頭痛、吐き気など各種の症状が現れ、そうなるとさらに大きな不安が沸き起こり、悪循環を作り出してしまうことにもなる。

こうした不安や恐怖の反応というものも、無自覚に自動的に行われていることを考えると、先に「ストレス応答」のところで述べたような考え方を当てはめ、瞑想を効果的に働かせる可能性が生まれることは理解できるだろう。ふだんから瞑想の訓練を続けることで、いま述べたような悪循環に進んでしまわないように、予防的に役立てることができるにちがいない。また、たとえそうした悪循環にはまってしまい、そこから抜け出せなくなって医療的対処が必要になるとしても、その治療として瞑想を生かすことも可能だということがわかるはずである。

現在のところ、第四章で少し触れたように、不安あるいはパニック障害や種々の恐怖症などに対する医学的アプローチとしては、薬物療法とともに、認知行動療法が最も一般的なものになっているが、新しい試みとして、ここで述べたような治療的考え方を発展させて瞑想を理解し、治療に応用することは実際に行われるようになってきている。

不安神経症やパニック障害に対して、試験的に瞑想を適用してみた症例報告的な研究はこれまでにも少なからずあり、それらのほとんどから良好な結果が示されている(27、49、64、145)。また、近年では、先に紹介したマサチューセッツ大学のストレス・クリニックからも、研究方法に入念に気を配られた精度の高い研究報告が発表されており(83)、そのなかの不安障害に絞った研究結果によれば、二二例中二〇例に不安スコアや抑うつスコアの有意義な低下が認められ、それらの結果は、プログラム終了後のフォローアップ期間中も維持されていることが確認されている。また、パニック症状をもつ症例においてもスコアの実質的な低下が確認されており、集団的マインドフルネス瞑想のトレーニング・プログラムは、不安やパニックの諸症状を効果的に和らげることができ、全般性不安障害、空間恐怖を伴うパニック障害および空間恐怖を伴わないパニック障害の患者に対して、症状軽減の維持の援助が可能であると結論づけられている。

■筆者の経験から

一時の特殊な新興宗教教団の狂気の騒ぎなどで、わが国では「瞑想」という言葉に「危うい」といったイメージが伴わされたこともあり、「瞑想を病院で治療に応用する」などというと、すぐに白い目で見られがちなのが非常に残念なのだが、アメリカでの研究成果などにも勇気づけられ、十分なインフォームド・コンセントを行えた人だけを対象にして、試験的に、自律神経系の失調症状を中心としたストレス性の疾患や不安障害をもつ人たちに、瞑想を試みてもらった。

翻訳した瞑想のインストラクションを吹き込んだカセット・テープを用意して、自宅でも訓練していただけるような工夫も行い、「ボディー・スキャン」と言われるヨーガや自律訓練法類似の方法を行ってもらった人もある。もちろん、マサチューセッツ大学のような組織的なプログラムを組んで行ったものではなく、その結果もまだ印象として述べられるだけなのだが、少なくとも瞑想を気にいってトレーニングを続けていった人のなかに、それまでには見られなかったような症状の軽快がもたらされた例があったことは事実である。

ただ、私の試みのなかでは、いまのところ、瞑想を続けていくのがなかなか困難だった人たちのほうが多いようだった。いわゆる「副作用」的なものが出現して中断した人はこれまでにはいなかったが、忍耐強く続けていくのはたいへんな人が大半だった。これは、アメリカの報告などを見るたびに思うのだが、経験豊富な指導者たちによってグループで熱意をもって丁寧に行われているしっかりとしたプログラムに比べると、大学病院の忙《せわ》しない一般外来診療などの場で行える方法では十分なものにはならず、またそこでの、こなれていない瞑想指導の要領の悪さが主な原因になっていたように思われる。

しかし、これまでの経験から言って、少なくとも瞑想がその人にとって有益だったと言える例は多くあった。本章で示したような「ストレス応答」のメカニズムが促進されるようなところまではなかなかいけないのが実状だが、第四章で述べたような瞑想のリラクセーション効果が、種々のストレス性疾患に有益なことは確かである（ただし、これは他のリラクセーション法と大きく異なるものではないが）。また、瞑想の場合には、それだけでなく、その独自の特徴や利点として、瞑想実践に伴う規則正しい呼吸法それ自体のもつ有益な作用を挙げることができると考えている。

ストレスや不安からはすぐに身体の緊張が呼び起こされるが、それが慢性的に持続すると、種々の自律神経系の失調が招かれる。緊張の強い人に見られる特徴の一つは、呼吸が浅いことである。自律神経系とは自分の意志でコントロールできない「自律的な」神経系統を指すものだが、そのなかで唯一意識的にもコントロールできるものが呼吸である。緊張して浅くなっている呼吸を、自分の意志でゆっくりと深く調節すること（調息）は、自律神経系を整えることにつながる。そして、身体的側面から緊張をやわらげるものになり、諸症状の軽減につながるのである。

こうした規則正しい呼吸（腹式呼吸）は、慣れてくれば、仕事をしながらや会議の最中などでも人に気づかれることなく行えるだろう。日常の対人場面などでも用いられることで、以前とは違う落ち着いた対応ができるようになったという例もあった。また、そうした対処の仕方ができるようになって、以前から長い間使用してきた治療薬の量を減らして生活できるようになった人たちもいる。

現在の医療態勢からして、医学的治療のなかで実際に瞑想など（薬物療法以外のもの）の応用がどこまで組み入れられるかという問題はあるが、アメリカの先例に、今後の可能性として学ぶべきものは多い。

三、痛み・苦痛への対処

基本的には、ストレスであっても、不安や恐怖であっても、また身体的・感情的痛みや苦痛であっても、瞑想のなかで行うのは、それらをただあるがままに観察するということである。瞑想（とくに本書で述べてきた「洞察型」の瞑想）においては、その瞬間瞬間にそこにあるもの、あるいは起こっているもの――思考、感情、身体感覚などを含め――すべてに注意の目を配る、つまり、自覚（気づき）をもって接することがそのエッセンスである。そこにある不安や痛みに、判断を下すことなく注意の目を向けるならば、それまで気がつかなかった繊細な視点が浮き上がってくる。

先に述べたカヴァットジンの説明によれば、瞑想においては、不安や痛みという感覚に対する自分の思いや感情に気づくことが重要である。それまでは、その感覚を「痛み」と呼んでいたかもしれないが、「痛み」と名づけていたのは自分の思いや感情である。心にはこの「痛み」と関連したさまざまな思いが次々と浮かんでくる。たとえば「もうこれ以上は耐えられない」とか「なんとかしなければ」、「この痛みとずっと暮らしていくなんてどうしても無理だ」……。しかし、これらはあくまでも自分の思いであって、痛みそのものではない。

そして、痛みに対する思いは、自分自身ではない。それは痛みを受け入れる準備が整っていない時に、痛みから解放されたいと願う心の反応である。痛みに対する自分の思いや感情、身体の痛みの感覚、そして身体自体を自分と同一視してしまえば、ますます混乱して「客観的な傍観者としての視点」が維持できなくなってしまう。瞑想には「この傍観者的な見方」が必要だと、カヴァットジンは強調して述べている。

身体というものは、一緒に人生を歩んでいかねばならない伴侶であり、決して無視できないものである。だが、それは「自分そのもの」ではない。身体が自分そのものではないのならば、身体の痛みも自分ではない。そして、瞑想によって、そうした自己の存在感覚に入り込むことができれば、痛みとの関係が変化してくる。瞑想を通してこのような体験をすることによって、痛みを受け入れる余裕が作り出され、痛みとともに生きる自分なりの方法を開発することも可能になってくるのである。

マサチューセッツ大学のストレス・クリニックでは、このような考えに立って「ペイン・クリニックなどでの医療処置だけでは治る見込みがないが、それでも自分から何かをしようという意欲をもっているような人々」に対して、積極的に瞑想を導入した治療的関与が行われている。その治療成果の紹介によれば、医学的な「痛み尺度」で測定された慢性的な痛みを抱えた患者のうちの六一パーセントに、痛みの半減が見られたという結果も報告されている。またそれに加え、治療プログラムによって、自分の身体に対する否定的な見方も短期間のうちに大幅に改善することが認められている。

病院のペイン・クリニックで標準的な医療処置とこれを補う理学療法的治療などが行われている四十二名の患者を対象にして、その半数にペイン・クリニックと並行してストレス・クリニックの瞑想トレーニングを行った研究の結果によれば、瞑想を続けたグループには三六パーセントの人々に痛みの改善が見られたが、残り半数のグループにはまったく変化が見られなかったという報告もある。[84] クリニックでは、たとえどのような痛みであっても、痛みを受け入れ、痛みから何かを学ぼうという姿勢があれば、瞑想によるアプローチは大きな効果を発揮すると主張されている。

近年では、このストレス・クリニック以外にも、瞑想がさまざまな医学的症状の軽減に役立てられていることを実証する医学的研究報告も増えてきており、[127、173] さらに癌患者の心理的・身体的ストレスの軽減にも有効に利用されていることを示した研究もなされている。[149]

四、終末期医療の心理的援助

癌やエイズの治療などにおいて浮き上がってくる「終末期医療」は、現代医学が取り組む最大の難題である。その病因の解明や治療薬の開発を目指した研究が世界中で莫大な費用を投じて行われていることは言うまでもないが、「死の宣告」を受けた人々には、いまその成功を悠長に待っているような時間はない。

こうした状況下、従来の医学的態度のなかでは見られなかったような治療アプローチや、「科学的」西洋医学の枠組みからは排除されてきたような東洋の諸医学、またいわゆる民間治療や伝承医療というものにも脚光が集められるようになっている。またそこからは、いまだ「奇跡的」とか「例外的」などという言葉でしか表現されないものだが、従来の西洋医学では考えられもしなかったような「治癒」が起こってくる場合もあることが認められるようになってきた。

「心理療法」はいま、そうした治療のなかで代表的なものの一つとしても挙げられるものである。癌に対するカール・サイモントン博士の「イメージ療法（ヴィジュアライゼーション）」[147]や、バーニー・シーゲル博士の「例外的癌患者」に対する夢や絵画を使ったアプローチ[146]などは、ご存じの方もおられるだろう。たとえば、自分の癌の病巣に対して、免疫を高める自分の細胞たちが次々に立ち向かい、それを懸命に取り除いているイメージを強くもったり、そうしたイメージを絵にして具体的に心のなかに思い描くことなどを通して、医学的に癌が退縮していったケースなどが実際に認められているのである。

これらは一つの「心理療法」と言うことができるが、第四章の「イメージ療法」のところでも述べたように、広い意味で一種の瞑想と考えることもできる（実際、そうしたアプローチのなかでは、この種の試みが「瞑想」という言葉で呼ばれている)。近年では、そうした成果が医学の科学的研究アプローチからも注目されはじめ、こうした「心理療法」によって免疫が高められる作用などを研究する「精神神経免疫学」や「精神腫瘍学《サイコオンコロジー》」といった、新しい学問の発展にもつながるようになっている。

しかし、このような努力に多大な期待が寄せられるにしても、人間がいずれ死を迎える存在であることは動かしがたい事実である。「終末期医療」というものは、この人間が必ずや直面する死の受容に対して医学が何ができるのか、ということが中心的な問題だと言っていい。最近では「ホスピス」や「緩和ケア」、「スピリチュアルケア」といった言葉も耳慣れないものではなくなってきたが、人間が尊厳を失うことなく、「生活の質（ＱＯＬ）」を保って死を迎えるということが、いま医療のなかで最も重要な課題として浮上してきているのである。

死の宣告を受けた人々が、衝撃、否認、取り引き、怒り、抑うつ、退行、諦め（受容）という心理状態を段階的にたどることをまとめたエリザベス・キューブラー・ロスの研究[91]は非常に有名だが、現在この研究がとくに重要視されるのも、「終末期医療」においては、病いをもった人々の「心理」に取り組むことが最も大切なことだからである。この心理的な段階的変化は必ずしも順序立って移り行くようなものではないが、死に直面した人々がこうした心理状態を行きつ戻りつして闘い続けていることは事実であろう。終末期医療に携わる医療スタッフの仕事は、こうした心理の揺れ動きにいかに最善と思われる対処を施すことができるかを考え、その人が自分の死をしっかりと受容できるよう支援することである。

■ホスピスでの瞑想

ホスピスなどでは、このような困難で献身的な努力が日々重ねられているが、そうした努力を援助するための一つの方法として、いま瞑想がしだいに利用されるようになってきている。欧米ではホスピスなどに一般の人々がボランティアとして関わり、こうした心理的援助活動に携わることがまれならず見られる。瞑想は、実際にこうしたボランティア活動のなかでよく利用されているのである。

アメリカでは、終末期にある人々に対して瞑想指導を行うことを中心に据えて援助に携わる組織もすでに四半世紀近い歴史をもって存在しており（たとえば、The Association for Death Education and Counseling〔http://www.adec.org〕, ZEN Hospice Project〔http://www.zenhospice.org〕など）、瞑想の終末期医療への応用がさまざまに試みられるようになっている。

アメリカでボランティア活動やワークショップなどを通して死に直面した人々の援助活動に長年の間携わってきたスティーブン・レヴァインは、その活動に積極的に瞑想を取り入れてきた人物の一人である。彼の著書『癒された死』には、終末期医療のなかで瞑想が非常に有用なものとして行われている様子が詳しく描かれており、豊富な経験のなかで活かされてきた、たくさんの瞑想法が具体的に紹介されている。また、それらを通して死を受容していった人々のなまの声も数多く収録されている。[99]

死に直面している人々の意識には、通常の健康な状態にいる人には想像さえできないような複雑な感覚や感情、つまり重い苦痛、怒り、恐れ、ねたみ、疑い、後悔、悲嘆、罪悪感、自己不信……、そしてさまざまな思考が、強烈なインパクトをもって次々と襲いかかってくるにちがいない。レヴァインは、瞑想によって、それら諸々の感覚や感情や思考に驚かされることなく、一つひとつの状態が展開するさまを見守り、事物をありのままに見ていくことで、過去の心との古い同一化の執着が消え、プロセスへのより深い洞察が促され、気づきそのものが直接体験されるようになることを強調して述べている。これは、第四章で述べた瞑想による「脱同一化」のプロセスについて、丹念に観察したすぐれた記述にもなっていると考えられる。死との直面は、瞑想がその本来の目的とする生への深い洞察への気づきを、自然に強く促進する出来事になるのである。

終末期医療に瞑想を取り入れてきたオーストラリアの医師エインズリー・ミアーズはその経験から次のように述べている。「瞑想を重ねるうちに、不安の軽減や、なかには病状の回復という例も見られるが、それだけにとどまらない。患者はさまざまなこと、とくに生と死という重要な問題について、感覚的に理解するようになる。これは真の理解だが、この種の問題の知的な分析とはまったく異質のものである。それは哲学的理解でありながら、同時に言葉のもつ論理的意味を超えている。……一般的に言えば生と死は、ある根元的なプロセスの二つの異なる面にすぎないことが直感的にわかるようになるのである[146]」。

五、心理療法の補助、そして統合

心理療法としての瞑想の応用は、これまで見てきたように、ストレス・リダクションや不安・痛みなどの軽減、終末期医療における死の受容の援助など、具体的な目的をもった新しい治療法としての積極的な試みがなされるようになってきている。しかし、心理的な病いや苦悩に対し従来から行われてきたいわゆる一般的「心理療法」に、瞑想はどのように利用可能なのかという問題のほうが、むしろ本題というべきであろう。

この点については、第四章で瞑想の具体的な作用機序を探ることに焦点を当てながら、その流れの中で（ほんの少しだけだが）実際の応用例などにも触れ、その利用可能性について眺めてきたので、ここでは繰り返さないことにする。ここでは、まとめとして、実際に瞑想を治療に導入する際の基本的考え方をいくつか述べておきたい。

1　心理療法の補助

まず一つの考え方として、現状において最も妥当と考えられるのは、瞑想を心理療法のなかの一つの独立した新しい治療法としてではなく、その補助として位置づける見方である。すでに何カ所かで紹介してきた、瞑想研究の臨床的応用の分野における先駆者的存在である精神科医アーサー・

ダイクマンは、この立場を取る(48)。

心理療法は、現代において人々が日常生活や仕事に支障をきたす諸症状からの解放を求めるには最も有用なものだろう。西洋に生まれた心理療法とは、個人の欲求のより良い充足を目指して行われるものであり、その人が自らの欲求に見合ったより効果的な新しいやり方を切り開く、その手助けを与えようとするものである。現代の心理学から理解される瞑想の治療メカニズムを考えた前章の記述を見ていただければ、瞑想がこのような目的をもった現代の心理療法の補助として有効に利用できる可能性は、十分に示されていると思う。瞑想が心理療法の補助として非常に重要なアプローチであるという立場は、今後もますます発展させられながら、さまざまな可能性を開き出してくれるだろう。

2　心理療法の基礎

瞑想はあくまでも心理療法の補助として位置づけておくいわば慎重なアプローチは、決して軽視されてはならないものだが、前章でも述べたように、現代においては、主に精神分析的アプローチと組み合わせながら瞑想を取り入れてきた豊富な実績もすでに存在している。そうした経験からは、瞑想を単に補助として位置づけるだけにとどまらず、心理療法の導入のために有用なもの、あるいはその基礎になるものとする見方もある(93、94)。

自分の心に観察の目を配ることは、どのように自分の心理が創り出されているのかについての洞察を得ることにつながり、より大きな責任感がもたらされることにもなる。そこからは、自身の習慣的で決まりきった反応や行動の限界を知り、個人がその外に踏み出すのを手助けしてくれる要素がある。

瞑想は、心理療法を通して進められる、より深い自己理解への欲求に刺激を与え、心理療法における治療過程を強化するものにもなると考えられる。瞑想による内省が、治療セッションのなかだけでなく、たとえば自宅など治療室を離れたところでも行われることによって、心理療法だけでは十分になされないような、より深く自己を探る過程が増やされ、治療の質が高められることにもつながる。そして、瞑想と心理療法の両者を並行して行うことを通して、苦しみの軽減がはかられ、心理的成長がさらに促される。こうした見方に立った理解によれば、瞑想と心理療法は、「技術的に両立しうるもので、互いにその作用を強める」と考えられている。

しかしながら、このような見方には反対の意見もある。瞑想の目的は、本来、自己あるいは自我というものが幻想であるという理解に達することとも考えられるため、そうであるなら、活動の中心として自我の発達を促進させることを治療目標とする心理療法とは、そもそも両立しないという考え方も出てくるからである(34)。心理療法と瞑想を組み合わせるのであれば、それが行われる前にまず、患者の心理的な発達レベルが注意深く考慮されるべきなのであって(44)、心理療法と瞑想の組み合わせは、重複的なもので必要性はないとする見解もある(178)。瞑想と心理療法との組み合わせについてはこうした否定的意見もあり、少なくとも安易に導入することは避け、その適応例や方法について慎重に吟味される必要がある。

だが、瞑想と心理療法の特徴をよく知っておくならば、両者の単なる組み合わせ以上に、より有用だとする見方はやはり依然として重要なものである。人間の健康や幸福の向上ということを考えるなら、両者ともが有用な働きをもっているのは確かなはずであり、その違いをしっかりと認識しておくことができるなら、必ずやそれぞれの力を生かし、それらを統合し、その目的を達成することにつなげられるからである。

未来の心理療法を、歴史のなかで綿々と引き継がれてきた瞑想というかけがえのない伝統的英知とつなげ、それを十分に活かしたすぐれた体系に成長させるための努力は、まだはじまったばかりなのである。

六、瞑想の「落とし穴」

現代の一般社会に瞑想が広がり、実際の心理療法の現場でその臨床的効果を探る試みなども盛んになるにつれ、今度はかえってその実践によって精神の不調をきたしたり、実際に精神科の事例になるような場合さえ起こってくることも知られるようになってきた。瞑想によってもたらされる諸体験についての正確な知識が、一般社会のなかで瞑想を実践している人たちにとってのみならず、それらを教える人たち、また、瞑想から派生する諸問題を扱うことになる、精神医療や精神保健福祉の専門家たちにも必要とされるようになってきたようである。

さまざまに瞑想に親しんできた経験をもつ人間の一人として、ここから述べるようなことが必ずしも多く起こるとは思っていないのだが、瞑想を心理療法として捉えようとするには、決して避けては通ることのできない重要な注意点も少なくない。ここでは、他書で一度述べた内容と重なる部分もあるが、そうした瞑想の途上で起こるさまざまな精神的不調や困難を拾い上げ、まとめて記すことにしたい。(9)

1　思考・感情の氾濫、知覚の変容

瞑想によって内面に注意が向けられていくと、意識に次々と沸き起こっている思考や感情などの精神的内容に敏感になってくるが、そこでは瞑想を行う当人にとって、非常に大きな意味や感情が伴われた強烈な衝撃をもって迫ってくる意識内容が出現してくることも見られる。とくに瞑想が進んだ段階において見られるようだが、知覚面にもさまざまに奇妙な変化が現れてくることもある。

各種の感情が解き放たれて、急に強い絶望感や、喜び、深い悲しみ、さまざまな恐怖などに襲われるようなこともある。また、過去の心配や悔恨、未来に対する不安などが入り混じって、感情が大きく揺れて制御がきかなくなったり、また、身体が非常に大きくなったり、逆に小さくなったように感じられたり、石のように重くなったり、逆に宙に浮かんでいるように軽く感じられたり、自分が床にすわっているにもかかわらず上から自分を眺めているといった体外離脱体験のようなものが出現してくることもある。なかでも衝撃的なものとしては、ヒンドゥー教圏などで「クンダリニーの覚醒」という名で知られているが、突発的に強烈な身体的感情的エネルギーが沸き上がってきたり、聴覚的、視覚的にも、さまざまな幻覚のような体験が現れ、それらに圧倒されて精神のコントロールが不可能になってしまうようなことも知られている。また、わが国の禅の伝統にも、厳しい修行の過程で種々の自律神経失調症状や幻覚様の体験などにも見舞われる「禅病」という事態が知られている。

こうしたさまざまな現象は、いずれも瞑想実践の途上の障害となり、「落とし穴」になる可能性があると考えられる。それらに対しては、一般的には、強い不安を抱いて恐れたり、それらを判断しようとして抵抗することが最もよくないこととされている。恐れたり、抵抗するたびに、体験のなかに強く引き込まれ、瞑想を持続させることがおろそかになり、体験につかまってしまうからである。

瞑想実践においては、こうした体験内容には、観察しつつも、決してそれらに過度に注意を払うことなく、判断や思念を差し控えて、ただそれらが過ぎ行くままにしておくようにと指導される。つまり、このような場合には正しい瞑想の仕方をきちんと身につけ、そこに立ち戻ることが最も大切になるのである。そのため、瞑想は豊富な経験をもつしっかりとした指導者のもとで行われなければならない。

2　現実からの疎隔

長期にわたる集中的合宿などではとくに、瞑想体験が深化し、内面への意識の集中が深まって、外部の世界や日常生活から意識が遠ざけられることになるが、そこから再び日常生活に戻る際に困難が見られることが起きてくる。現実的な見当識が弱まり、思考プロセスが緩慢になって、自分が何をすべきか、どこへ行くべきかといったことが、なかなか決断できなくなってしまうようなことも見られる。

また、現実社会からの逃避傾向をもって瞑想に熱中するような人や、日常世界における難題に魔術的な解決を求めるような形で瞑想に関わる人が時に見られるが、そのような場合には、瞑想のグループや指導者などに対して容易に強い依存傾向が増長されやすい。一度依存してしまえばそこからなかなか抜け出せなくなって、現実社会への健全な関わりが困難になる危険性もあることには十分な注意が必要である。

3　信心にはらまれる落とし穴

現代の瞑想は、宗教とは離れて行われるようになってきたとはいえ、何らかの形で信心をもつ集団のなかで行われる傾向があるのも事実である。瞑想自体によって引き起こされるものではないのだが、落とし穴というものを考えてみると、そうしたところに潜んでいるいくつかの注意点についても考えておく必要があるだろう。

まず一つには、その集団が自分たちの信念こそが唯一正しいものだと主張するような傾向をもっている場合が挙げられる。そこからは、当然だが、自分たち以外の他の集団を排斥しようとする姿勢も現れてくる。こうした傾向は、会社など一般社会のなかでもよく見られるものだが、もしそこで自分が強くそうした行動を取ろうとするような場合には、まず、自分が受け入れられない側面を排除しようという衝動を外部の対象に向けているといった可能性に、十分注意しておく必要がある。また、瞑想などの実践を行っているということで、自分を特別な人間だと思い込むような傾向も挙げられるかもしれない。「高次の意識」とか「超越的」などという言葉にまどわされて、自分が何かすぐれたことをしていると錯覚してしまうような傾向である。瞑想に付随するそのような要素は、容易に、弱い自我が自己評価を高めるための道具として使われる可能性があることにも十分な注意が必要である。

これらだけでなく、現代において瞑想に関わる際には、このような思い込みに陥る危険性について注意しておかねばならないことがたくさんある。現代の瞑想は、宗教以外でも行われるようになってきた反面、宗教のなかで培われてきた伝統のしっかりとした枠組みが失われていることからくる欠点も、数多くもっている。伝統的宗教のしっかりとした枠組みのなかで行われることで、安全が保たれてきたという面もあったと考えられ、現代の瞑想実践においては、その利点や欠点について、できるだけ意識して関わることが必要になってきている。

4 「近道」としての瞑想

瞑想を心理療法として考える時、現在、西洋で一般的な見解として広く知られるようになってきた考え方がある。それは、精神科医であり瞑想の指導者でもあるジャック・エングラーによって述べられた「誰でもない者になる前には、誰かになる必要がある」とする意見である。(55)エングラーによれば、現在西洋で瞑想を学ぼうとする人々には、アイデンティティや自己評価の面で弱さや歪みをもった人たちが多く見られ、それらによる個人の発達上の諸問題の解決を目的にして、仏教や瞑想を「近道」として利用しようとする傾向も強く見られるという。

もしそうした態度で瞑想に関わるならば、そこでは、自己というものが幻想であるとする仏教的な考え方は、その真の意味が汲み取られないまま、自分たちの未熟な態度をむしろ正当化し、合理化するための説明になってしまう。そうなれば、そこからは必要な社会的役割を容易に放棄するような態度さえ生み出されてしまうことがあるかもしれない。実際、現代の瞑想実践者たちのなかには――西洋だけでなくわが国でも――そのような態度の人たちも多く見られるようだ。残念ながら、瞑想修行を看板にするような一部の新興宗教などには、このような人々がたくさん集まってしまい、ここで述べたような危険性があらわになってしまう傾向がある。

エングラーによれば、そうした人々はまだ、自分に必要な人格発達を遂げていない人々なのであり、瞑想を行えるレベルにまで達していないのである。また、これまで各所で検討してきたように、内面に目を向け、そこにある思考や感情や感覚に注意を向けるということは、必要があって抑圧されていたものにも目が向けられてしまうということでもあり、そこに痛みが伴うような心理的内容が浮き上がってくるということでもある。病理的構造をもった個人の場合には、その構造にもよるが、しばしばそうした過程に耐えられるだけの自我の強さが準備されていないと考えられる。そのような場合には、瞑想がさまざまに危険な混乱を呼び起こしてしまう可能性も高くなる。この点は、実際に瞑想を臨床現場に導入しようとする際には非常に重要な考え方になる。豊富な臨床的積み重ねがまだ十分に行われていない現状では、とくに慎重な態度が必要である。

今後、瞑想がさまざまに心理療法の場で利用されていくとすれば、その危険性に十分に配慮された上での、慎重な応用がなされなければならない。

七、瞑想の適応と非適応

心理療法としての瞑想は、今後おそらく、さまざまなところでさらに広く活用されていくだろう。しかし、瞑想を実際に心理療法として応用するには、前節で述べてきた点も含め、十分に注意しなければならないことが数々ある。また、瞑想を「治療法」として利用するのであれば、あらゆる治療法がそうであるように、その治療法がどんな人に有用であり、どんな人には行ってはならないか、という点についても考えなければならない。ここでは、瞑想の治療的側面について述べてきた最後の締めくくりとして、その適応と非適応の問題について触れておくことにしたい。

まず最初に、心理療法がその対象とする病いに対してとる基本的な考え方について述べる。心理療法のアプローチは、一般的に大きく二つに分けて考えることができる。一つは、これまで何度も取り上げてきたように、無意識に抑圧されたものを浮上させ、それを意識に取り入れることが治療作用をもつとする「抑圧解除的技法（uncovering technique）」である。フロイトの精神分析の考えに立つものだが、「神経症レベル」と呼ばれるたいていの心理的病いには、基本的にこのアプローチが取られる。

しかし、一般の神経症レベルよりもより重い障害をもつと考えられる、たとえば「境界例」などの病いの場合には、この抑圧解除的な方法はむしろ有害になると考えられている。それらの病いにおいては、そうした方法に耐えられるだけの十分な自我の強さが形成されていないことがまず一番の問題であり、いわばまだ抑圧が十分に行えるようなレベルには達していないことが病理を生み出している原因と考えられるからである。こうした場合には、抑圧を解除させるのではなく、むしろ必要な抑圧を強化させ、自我の構造をしっかりと作り上げるアプローチ（「構造構築的（structure building）技法」と呼ばれる）が必要になってくる。

心理療法ではこのように、自我の発達レベルを十分に考慮に入れて病理構造を捉えながら、治療的アプローチが選択されなければならないが、瞑想を心理療法として応用しようとする際にも、この視点が非常に重要なことは言うまでもない。瞑想の治療的メカニズムを頭に入れるなら、一般的に、瞑想には抑圧解除的技法として応用されたり、その補助として利用できる可能性が認められる。

また、自我の発達レベルが神経症レベルよりも先に進んだ（成長した）とされるレベルにある場合には、瞑想が有効に利用される可能性は十分にあるだろう。

しかし、従来の心理療法において構造構築的技法が必要とされるような病いの場合には、瞑想は安易に適用されるべきではないと考えられる。そうしたケースに適用されれば、かえって事態を悪化させ、混乱を招く可能性が大きいからである。つまり、瞑想は、境界例や自己愛的障害などの人格障害や精神病に対しては、適用されるべきではないと考えられる。精神病の場合には、落ち着いていた精神症状が賦活されたケースの報告もなされている[160]。

また、繰り返しになるが、瞑想を治療として応用しようとする際には、その実践にさまざまな「落とし穴」があることについても十分知っておかなければならない。瞑想実践には、その過程のなかでさまざまに精神的混乱を招くような事態が生じる危険性があることや、時には従来の医療や心理療法では対応がむずかしい場合があることも報告されており[87]、将来的にはさらなる研究の進展と、熟練した瞑想の指導者たちとの対話や交流が盛んに行われることが必要であろう。

第六章　「自己覚知」の心理学

仏道をならふといふは、自己をならふなり。自己をならふといふは、自己を忘るるなり。自己を忘るるといふは、萬法《まんぼう》に証せらるるなり。萬法に証せらるるといふは、自己の身心、および他己の身心をして脱落せしむるなり。

道元『正法眼蔵』現成公案

仏教との関連ではとくに重要な「自己実現」という心理学的概念については、すでにいくつかの箇所で述べてきた。ここでは仏教や禅への理解をより深めるための用語として、もう一つの貴重な概念「自己覚知（self-awareness）」に焦点を当て、本書で示してきたような「仏教心理学」の理解においても、最重要概念になるものとして取り上げてみたい。

この「自己覚知」とは、わが国では主に社会福祉活動に携わる対人援助職の人々によって積極的に導入されてきた言葉であり、現在の心理学や精神医学においては耳慣れないものかもしれない。しかしながら、社会福祉や精神保健福祉関係の活動や論述のなかでは、現在、日常的にも比較的よく使われる用語になっているものである。

わが国での使用の源流をたどってみると、もともとは、対人援助活動の際に起こってくる「逆転移」[1]の取り扱いをめぐって、その理論的重要性が強調され、注目が集められたものだったようである。しかし、その使われ方は時代とともに変化していった。そして現在では、福祉に携わる人々が援助活動に際して専門職として身につけるべき知識や意識として、とくに現場の教育場面などにおいて重要な用語となり、広い意味（ないし本来の意味）をもって理解されるようになってきている。(88)こうした流れは、欧米でもさほど異なるものではなく、近年の社会福祉活動において「自己覚知（self-awareness）」の重要性が強調された論述は少なくない。(37、39、132)

「自己覚知」の意味は、英語でも同様、文字通り「自分に気づき、自分を知ること」であり、簡潔明瞭な点で、さまざまな場面で使用しやすい用語と考えられる。しかし、この言葉に含まれる意味の奥深さについては、改めて述べるまでもなく、誰もが知っているであろう。

「自分に気づく」あるいは「自分を知る」という言葉は、専門用語としては意味が曖昧であるとの判断もあるかもしれない。が、ここでは、むしろその言葉が誰にでも単刀直入にわかるという特徴を重視して、専門用語としても重要な言葉として位置づけておきたい。というのも、この言葉は専門的に厳密な意味規定をするよりも、そのすぐれた直感的な伝達力が活かされることによって生きてくる言葉だからである。このことは、先に述べたわが国の社会福祉関係での使用の変遷状況にも示されている。今後は、この言葉が社会福祉関係のみならず、さまざまな活動や学問の場にも有用なものとして広がって使われるようになることを期待したい。

一、心理療法の目標としての「自己覚知」

近代の最も代表的な心理療法のアプローチと言えば、フロイトの精神分析とロジャーズの来談者中心療法を――誰もが知っているものとして――挙げる人が多いだろう。この二つのアプローチは、少し角度を変えて眺めてみると、本質的には「自己覚知」を目標としていると捉えることも可能である。まず、それらの理論を簡単に振り返って考えてみたい。

ロジャーズの豊富な臨床経験から生まれてきた「来談者中心療法（client centered therapy）」の考えによれば、来談者は、「有機体としての経験」と「自己概念（self-concept）」とが一致しないため、心理的に不安定で、不安が高かったり、もろく傷つきやすい状態にあるとされる。(129) 人間は誰でも程度の差はあれ、本当に経験していること（「有機体としての経験」）と、自分が経験していると思っていること（「自己概念」）との間にズレ（ギャップ）があるわけだが、このギャップが大きければ、そこから神経症的な精神的歪みが生じてくる。それゆえ、このギャップに気づき（自己の経験に開かれ）、それを少なくして「自己一致（self-congruence）」することが、治療における目標と考えられる。

このロジャーズの述べた「有機体としての経験」は、その治療実践における意味に重点を置いて見れば、精神分析の「無意識」に相当するものと言うことが可能である。とすれば、「無意識の意

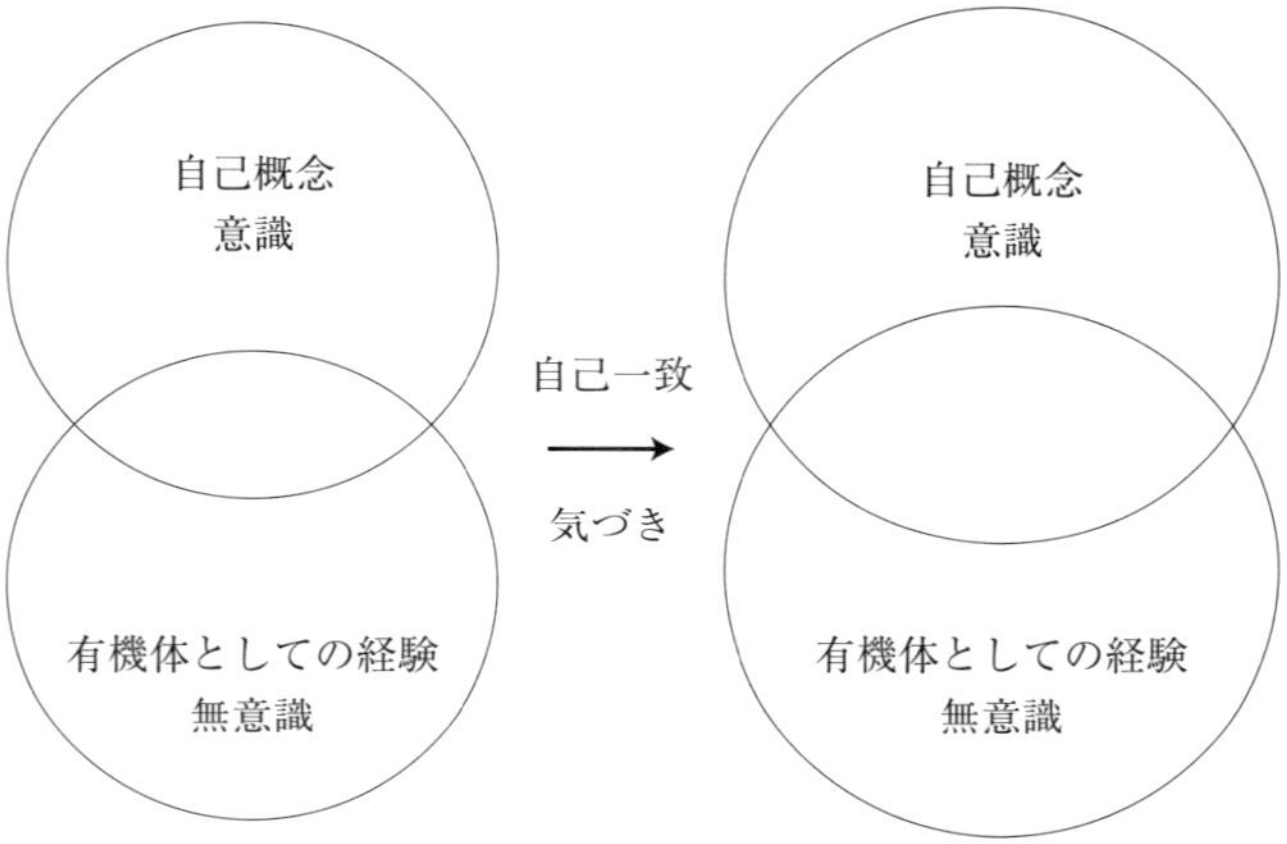

図2　ロジャーズとフロイトの概念

識化」という精神分析の基本的治療原理は、「有機体としての経験」に「気づくこと」として捉え直すこともできるであろう。

　これら現代の心理療法の基礎をなしている最も代表的な（二つの）アプローチが、「自己覚知」すなわち「自分に気づき、自分を知ること」をその基本原理に置いていると考えられるならば、心理療法とは、一般的に言って、この「自己覚知(self-awareness)」を深めることを目指して行われるものである、と言うこともできる。

　言うまでもなく、心理療法とは、心理的な病いや悩みの解決を求めてなされるものである。つまり、それが行われている個々の具体的実践の場で目標とされるものは、あくまでも症状の解放や悩みの解決である。しかし、そこにおいてなされていることは、「自己覚知」を深めていくことであり、この過程に多くの心理療法の共通点を見ることもできるのである。

1　「自己覚知（気づき）」の心理療法

現代の心理療法には、この「自己覚知（self-awareness）」こそが真の治療目標であることを明確に宣言し、それに集中的に取り組んできた治療体系が実際にある。精神科医フリッツ・パールズがアメリカで発展させてきた「ゲシュタルト療法」である。

この治療体系においては、クライアントの「気づき（awareness）」を深めていくことこそが何よりも重要とされ、治療者の努力は絶えずその過程を積極的に促し、引き出すことに注がれる。そしてそのためには、従来の心理療法においては考えられもしなかったような治療的介入方法が、さまざまに工夫されて用いられるのである。

それらは機に応じて実に多様なアプローチが駆使されるため、簡単にひとまとめの技法として記述することはできないのだが、パールズがそのなかから一つの単純なアプローチとして記した次の論述には、その基本的姿勢が汲み取れるであろう。

セラピーの始めから、またセラピー中にもずっとクライアントに勧める実に簡単な言いまわしがある。それは、「今、私は～に気づいています」という言い方である。これは単なる言葉上の問題ではなく、ゲシュタルト療法の精神、考え方である。[122]

パールズがこのようなアプローチをするようになったのは、西洋でなされてきた従来の心理療法のどれに対しても、多大な不満を抱いたからだった。パールズの見方によれば、クライアントはみな、過去の「未完結な事柄（unfinished bussiness）」を引きずっているが、それらは治療の場でただ話し合われるだけでは意味をなさない。従来の心理療法では、なるほど過去の記憶やトラウマが扱われ話し合われる。だが、それらはあくまで過去のものとして話し合われるだけである。クライアントたちはそれらを意識できないがゆえに、それらを引きずっている。すなわち、「現在に生きる」ことができていない。だからそれらは、実際に「今―ここ」において体験され（気づかれ）、現在の問題として扱われなければ治療的意味を持たない。その「気づき」をいかにして深められるかに、治療の本質はかかっているのである。

パールズは「気づき」について、こう述べている。

「気づく」ということは、知的で意識的なことではない。言葉や記憶による「～であった」という状態から、まさに今しつつある経験へのシフトである。クライアントが過去にうまくやれなかったことや、失ったものではなく、現在の生き方について、我々がやっているようにワークをしていくと、「気づく」ことは、クライアントとセラピストの双方に、クライアントが抱えている問題の姿を明確にしてくれる。「気づき」は常に、現在に起こるものであり、行動への可能性を開くものである。決まりきったことや習慣は学習された機能であり、それを変えるには常に新しい気づきが与えられることが必要である[122]。

このようにパールズのアプローチは、治療の場における「今―ここ」の「気づき」を最も重視する。なぜなら、クライアントは、そのことによってはじめて、自分自身の問題が受け止められ、それに立ち向かっていけるようになるからである。「もしクライアントが、自分自身と自分の考えることや、言葉や行いの細かなことにも本当に気がつくようになれば、どれほど自分自身が問題を引き起こしているのか、現在の本当の問題は何か、どうすればよいのかということに気づき、「今―ここ」で彼自身の問題を自分で扱うことができるようになる。問題を一つ乗り越えるごとに、次の問題は易しくなり、その人が自分で自分を支える力は強くなっていくのである[122]」。

ゲシュタルト療法では、この「気づき」を促すためであれば、時に大きく感情を揺るがすような攻撃的言動も辞さないほどの姿勢が取られ、まさしく壮絶な苦闘が繰り広げられることもしばしば見られる。「気づき」という契機は、それほどの努力をもってして、ようやく得られる困難な過程であり、またそれほどの努力をしてでも手にするべき、重大なものであるとも言えるだろう。

しかしながら、パールズの努力には、いかにも「西洋的」アプローチとみなされる特徴が強くにじみ出ているようにも思える。実際、ゲシュタルト療法は、日本人の性格には向いていないといった評価もなされるようだが、そのようなアプローチは、やはり、いわゆる東洋的な心性とは相容れないものなのかもしれない。

だが、心理療法にとっての、あるいは人間にとっての「気づき」、すなわち「自己覚知」の重要性は、西洋の心理的治療文化がそこに行き着くずっと以前から、実は東洋の（心理療法的）伝統文化に古くから伝えられてきたものではなかったか。私たちは、その貴重な伝統的智恵をまるで、まさに文化遺産のように博物館にしまい込んできたようである。浮世絵の価値は西洋人の目によって評価され現代に蘇ったが、それと同じようなことがここに認められるのではないだろうか。

二、自己覚知と瞑想

いま述べた東洋の貴重な文化遺産が「瞑想」である。そこには、西洋的な治療文化とは本質的に異なる格別な治療文化が育てられてきたと考えられる。すでにいくつかの箇所で示してきたように、仏教の伝統が一種の心理療法的体系として活用できるとすれば、そこで大切に伝承されてきた「瞑想」は、「気づき」のためのすぐれた技法として新たな姿を現すはずである。わが国で美しい花を開かせた禅の本質は、「己事究明」を旨とするものである。「己事究明」とは、説明するまでもなく、文字通り「自分を知ること」「自分をきわめること」、つまり「自己覚知」を積み重ね、継続することにほかならない。

パールズはその晩年、禅に強い関心を抱いていたと言われているが、それはきわめて自然な成り行きとして理解できることであろう。パールズの残したすぐれた洞察のなかには、「注意を一定のところに留めておくことは、自己とのコンタクトをする第一歩となる」(122)といった言葉も見出される。そこには、すでに瞑想へとつながる通路が確実に開かれていたと見ることができる。

瞑想や禅の伝統は、現代の西洋的治療文化が行き着いた「自己覚知」という問題に、驚くほど深く取り組み、西洋とは異なったアプローチで突き詰めてきた東洋独特の治療文化であるとみなせるものであろう。それは古来から「宗教」という伝統文化のなかで大切に守られてきた、東洋的英知の結晶であった。それは今日、西洋の心理療法の発展の結果生まれてきた新たな文化的視点から、その偉大な価値を再評価される日を迎えたのである。

すでに現代の心理療法として、瞑想をさまざまに応用しようとする実験的試みが数々なされてきていることは、前章で紹介した。その成果が実を結ぶのは、わが国を含め東洋と西洋の治療文化が豊かに融合を行っていく、これからの時代の最も大きな課題となるであろう。だが、今の私たちにとっては、たとえそれがわが国の伝統的文化であるとは言っても、禅や瞑想は——西洋人と同じようにーーまったく新しい文化として目の前に現れたものであり、その探求のまさに入口に立ったにすぎない。今後は、私たちの足元にありながら見過ごされてきた大切な精神文化の伝統に、一歩ずつでも近づきながら、先人たちの残した莫大な遺産を掘り起こしていく作業が必要になる。

三、自己覚知と思いやり

「自己覚知」つまり「自分の内面に気づくこと」、それは思考によって概念的に知るということではない。それは一生懸命に考えたからできるというものではない。また、意識的にいくら努力したから得られるというものでもない。むしろ、この意識的に考えようとする気持ちや力がふと抜けたところで、「気づき」がもたらされるといった性格のものである。

内面に気づくことは、意志や考えというよりも、痛みやだるさなどの身体的感覚のほうがむしろ近いと言える。その意味で「自己覚知」は、自分が意識できていなかった繊細な感覚を敏感に捉える能力を指すものであり、一種の「洞察力」と呼んだほうが的確に言い当てている。つまり、「自己覚知」を深めるということは、「洞察力」を養い培うことであり、それは一瞬一瞬の行動に、より繊細な注意を配る能力を育てていくことを意味している。

少し自分を顧みてみればわかるはずだが、私たちの意識的注意は、もっぱらほとんどが外部の目に見えるものや耳に聞こえてくる音などに向けられている。私たちの日常生活は、そうした外部からの「刺激」や「情報」に絶えずさらされており、そこに釘づけになってしまっているとさえ言えるだろう。しかし、「内面に気づく」のは、これとはまったく異なる意識的注意によってなされるものである。私たちは生活している限り、外部の物事やたくさんの刺激にさらされているが、外部の物事を見たり聞いたりしている時にも、そこには「内面」に生じている感覚がある。私たちは普段、その「内面」をほとんど「観る」こともなく過ごし、すっかり「外部」にばかりとらわれて生きているのである。

たとえば、いま目の前に林の木々が見えているとしよう。目に映っているのは、写真と同じように見える木々の外観や風景である。しかし、そこでほんの少し意識を内側に向けてみれば、その木を見ながらも、自分の中にはさまざまな感覚が生まれているのがわかるはずである。木の姿が美しい、木々の間を通る風の音が心地よいと感じている、日の光にきらめく葉に柔らかい暖かさが呼び起こされている、その潑剌とした淡いグリーンの色つやには光を浴びている無邪気な喜びや健康さが感じられてうれしい、などなど。これらは実際、明確に意識にのぼってはこないし、言葉にできないものでもあるが、木々を見た一瞬に、すべてを全身が感じ取っているのである。

しかし、普段の生活のなかでは、いまのように立ち止まって「自分を観る」ようなことはほとんどない。それらの感覚は、そうしない限りはいつも封印されている。そうした感覚に対する繊細な注意の意識は、ほとんど感じ取られないまま見過ごされ、次々に目の前にやってくる物事をこなし続けながら、忙しい日常生活を送っている。

これは、物事を目にした時、耳にした時、人に会った時など、生活のなかでいつでも起こっていることである。人に会った時、私たちはその表情や言葉からいろいろなことを汲み取っている。そして、その汲み取り方には「深さ」がある。人の言葉を聞けば、その言葉の意味が汲み取られるが、その時、その言葉にはさまざまな表情があるだろう。たとえば「こんにちは」という一言を聞いて、そこに暖かさ、冷たさ、一見明るいがどこかに陰がある、といったことだけでなく、この人はどこか健康を害しているのではないか、何か後ろめたいことがあるのではないか、さらには、過去にこんな仕事をしてきた人なのではないか、こんな人生を送ってきたのではないか、などがふと感じ取られるようなこともある。

もちろん、それらは主観的な思い込みにすぎないと言うことができるし、実際まったく見当違いなこともあるかもわからない。だが、私たちは、その出会った一瞬に（その時には意識できていないものも含め）さまざまな意味を汲み取っており、それには「深さ」があるのだ。それは決して、意識的に考えることによって知られるものではない。

ただ無自覚に普段の日常生活を過ごしている時は、そこにある「自分」や「内面」は簡単に見過ごされ、表面的な感覚に触れるだけで時が過ぎ去っていく。その奥にある「より深い」感覚は自覚されず眠ったままである。それに気づくためには、習慣になっている日常的な意識的注意のあり方を変えなければならないわけだから、それは決して容易なことではない。それゆえ、私たちには訓練ないし修練が必要なのである。

少しずつでよい、そうした「内面」を汲み取る（自分を観る）訓練を積み重ねていくことによって、力（洞察力）は身についてくる。どんなことでも学ぶためには、努力と訓練が必要なことは誰もがよく知っているはずである。禅や瞑想は、その最も本格的で専門的な訓練であるが、決してそれはどうしても必要なものというわけではない。日常のいろいろな場面で、その訓練を少しずつしていくことは、いつでも誰にでもできることであるし、そのような姿勢さえあれば、特別訓練などしなくとも、さまざまな機会に多くのことを学べるはずである。

友人に自分の欠点を強く指摘されたりして、衝撃的に「自分に気づく」というようなこともあるかもしれない。心理療法を受けて「気づく」ということも、もちろんあるだろう。また、一人になった時に自然と反省の目がもてて、意識していなかった深い感覚にハッと気づく、といったこともあるにちがいない。そう考えれば、人と交流する毎日の生活は、すべて「気づき」を培う学びの場となる。心理療法や対人援助活動などに携わることは――その目をもってさえいれば――「気づき」「自己覚知」をより深めてもらえる絶好の場であると言ってもよいのである。

四、共有空間に対する意識

内面に向いた繊細な注意の意識が培われるならば、「いまここ」に起こっているたくさんの感覚に敏感な感性をもち、その場に起こっている現象に対する「深い」汲み取り能力、すなわち「洞察力」が生まれてくる。他者に出会った時、一瞬一瞬そこに起こっていることを汲み取って「自分を観る」能力を大事にしていけば、おのずとそこには、以前よりも深まった「洞察力」が身に備わって行くであろう。「思いやり」とは、この能力に基づく心理や態度を指す言葉である。それは文字通り「思いを遣ること」である。その場に起こっているたくさんの内面の感覚に繊細な注意をもつこと、すなわちそれらに「思いを遣る」こと。

目の前にいる人が実際はどう感じているのかは、その人でなければわからない、と言わねばならないが、その当人にわかっていないものが外から感じ取られ、汲み取られることもたくさんある。その場に起こっていることは、決して個人個人の皮膚の中に閉じこめられてはいない。それは人と人の間にある「共有空間」で起こっていることである。

「洞察力」とは、その「共有空間」に起こっていることを汲み取る能力のことである。内面的感覚への繊細な気づきは、「共有空間に対する意識」の深さを表すものであり、その度合いが「思いやり」の深さなのである。したがって、もしそう呼びたければ、木に対する思いやり、空に対する思いやり、壁に対する思いやり、イスに対する思いやり、というものも可能であろう。そこには「共有空間」がある。木と自分との共有空間、それに対する意識には深さがあるのだ。その意識がより深まっていけば、木に対する「思いやり」は深くなる。自分がそこで木の声を聴けば（木に対する洞察力を深めて「観る」ならば）、木に対してしてはいけないことや、してあげられることなどが、おのずと見えてくるだろう。そして、自分と木の共有空間は、自分と自然へ、自分と人へ、自分と世界へ、自分と地球へ、というように、次々と広がっていくにちがいない。

ここで注意しておきたいのは、「共有空間に対する意識」を「観る」という作業は、他者や相手に意識を向けることではないということである。通常「思いやり」と言うと、「他者の気持ちになる」あるいは「他者の立場になって考える」などといった言い方がよくされるが、「思いやり」とは、他者に「思いを遣る」ことではない。相手だけを見ていれば、そこには「同情」が容易に生まれてくるだろう。しかし、「同情」は「思いやり」とはまったく違うことである。「思いやり」とは相手の気持ちになることではなく、相手を通して生まれてくる自分の内面に「思いを遣る」ことなのである。

簡潔に言えば、「思いやり」とは「共有空間に対する意識」である。したがって、その意識を十分に深くもっていれば、そこには自然と「礼儀」が生まれてくる。その意味で、「思いやり」とは「礼儀」であると言うこともできる。共有空間にいる者、つまり場を共にしている者との間で「思いを遣ること」、それが態度に表れたものが「礼儀」である。それは目の前にいる人に対してあるのと同じように、生きる場を共有する人間として遠く離れた人々、そして現代に生きる人間すべてに対しても存在している。さらにそれは、自然に対しても、地球に対しても当てはまることである。それゆえ、このように言うこともできるだろう。礼儀のない人とは、思いやりのない人である。思いやりが薄い人は、隣人だけでなく、地球の人々、そして地球環境にも礼儀が薄いと。要するに、思いやりのない人は何事に対しても礼儀をもっていない、つまり「失礼」なのである。

思いやりと礼儀の両者は、どちらが先でどちらが後に出てくるというものではない。したがって、もし「洞察力」が十分に身についていないのであれば、形から、つまり「礼儀」の形を学ぶことから入って「思いやり」を身に着けていくことも可能であろう。そう考えるなら、「礼儀」（の形式）

や「挨拶」が何よりも大切だとしてきた古くからの教育（いまは廃れているようだが）は、「思いやり」を伝えてきたすぐれた文化として見直されなければならない。

僧堂でなされる雲水の修行生活は、何よりもまずこの「礼儀」を学ぶことに重点が置かれる。それを一定期間集中的に行うことによって、まさに「思いやり」を身に叩き込む訓練、それが修行生活の意味に含まされた重要な要素の一つであろう。そう考えれば、修行期間の集中的訓練も、決して僧になろうとする人々だけのものではなく、多くの人々にとっても意義深いトレーニングになるのである。

「思いやり」は、そう簡単に養い培えるものではないが、決して養うことが不可能なものではない。日々の心がけや訓練によって、それは育ち、深められていく能力である。ただし、それがまったくないところからは、いかに努力して意識的訓練をしても、身に着けるのは容易なことではないと考えられる。狼に育てられた人間はついに人間としての能力をもつことができなかった。思いやりを伝えてきたすぐれた文化が、いま片隅に追いやられているとすれば、その文化がもっていた貴重な価値を、現代人が十分に納得できる形で引き出していく試みが必要であろう。

五、思いやりをいかに回復できるか

第二章の「祈りと慈しみ」の節で、近年の日本の青少年に「思いやり意識」が衰退しているという心理学的研究を紹介した[111]（これは、本当は近年の大人の問題である）。この結果は、明らかにわが国の現代の大きな欠陥を露呈させているものであり、今後、私たち日本人すべてが深刻に受け止めねばならない重大な問題提起になっているはずである。すでに先に触れたことではあるが、この問題は現代に生きる人間にとってきわめて重要なことと受け止め――ここでは「自己覚知」との関連で別の角度から――現代社会が「いかに思いやりを回復できるのか」という問題を改めて考えてみたいと思う。

多くの研究でも示されているように、思いやり意識は、生まれながらにして身についているものではなく、生まれてから後の経験によって獲得されるものと考えられている。したがって、先の研究では、とくに「学校教育」の果たす役割が大きな比重を占めることが指摘され、その変化の必要性が強調して述べられていた[111]。

しかし、いかに「思いやり」が希薄になっているからとは言え、それは果たして学校で教えてもらうものだろうか？　また教えられるものなのだろうか？　そういう疑問も自然に沸き起こるのではないか。この問題が大人を含め社会・文化全体の問題であるのなら、根本的にはやはり、「思いやり」に関わるその国の（精神）文化に変化がもたらされることを期待しなければなるまい。

現代社会において一国の文化に影響を与えるものとしては、現在急速に進行しつつある「グローバリゼーション」の波が、その最も大きなものとして見落とせない。これはもはやその是非を問う間もなく早いスピードで、まさに否応なく押し寄せてくる変化である。それは、教育も含め一国の文化を飲み込んで変容させてしまう力をも持っていると考えられる。

密かに忍び寄る個人個人の疎外感が広がり、科学主義・合理主義の進展の影で、失われてきた内面へ目が向けられ始めた「心の時代」。「モノの豊かさ」よりも「心の豊かさ」の重要性を意識する現代人は、「自己実現」そして「自己覚知」を求める欲求を確実に自覚しはじめている。その脇腹には「環境問題」や「飢餓問題」などの難問につねに刃を差し向けられているが、私たちはその重い痛みの経験ゆえに、悲しみの共同体としての意識を深めつつ、個人性を超えたより広い自覚への勇気を育て始めているのではないだろうか。これらの現代的問題はすべて、「思いやり」と深くつながっていることであろう。

「グローバリゼーション」が直接「思いやり意識」を高めるというわけではないが、そのことによって、より広い世界的視野をもった人々が増えていくとすれば、いま述べたような「思いやり」に関わる現代人の意識変化には、もっと積極的に評価の目を向け、時代が向かう重要な方向性の一つとして、強調して引き出し、認識する努力がなされるべきではないかと考える。

「自己実現」に近づき、「自己覚知」が深まることとは、取りも直さず、「思いやり」が高まることを指しているはずである。それは、現代人がいま作り出そうとしている世界的規模の《グローバルな》「(精神)文化」が向かう方向性なのである。現代社会では、過去には考える必要さえなかった地球環境の問題を、誰もが強く意識して行動することが求められているが、実際に環境問題に取り組みながら学問的にそのような提言をしている人たちからも、「自己実現」や「仏教」への強い関心が寄せられるのを認めることができる。そこでは、本書でも取り上げてきた「同一化」という心理学的概念が、やはり不可欠の重要な用語として使用され、この「同一化」が、人間の経験として、他者、生物、そしてあらゆる生命や地球という存在などにまで広げられる可能性に期待がかけられた主張がなされているのである。ディープ・エコロジーと呼ばれる現代の環境運動思想のリーダー、アルネ・ネス（元オスロ大学哲学教授）の言葉には、その代表的なものを見ることができる。

人間は成長するにつれ、自己と他の存在との同一化を引き起こすが、そのことによって自己が広がり、またその深みが増し、「他者のなかに自分を見る」ということが起こってくる。(109)

このような考え方から使用される「自己実現」は、現在「同一化」している「自己」を広げていくということであり、個々の動物、植物、それらの集団、生態系、そしてこの素晴らしい惑星―地球への「同一化」を深めることであるとされる。ネスが述べていることだが、人間は健全に成長し、社会的「自己」が十分に育つならば、大きなケーキを独り占めしたいとは思わなくなる。ごく自然に、友人や身近にいる人たちとケーキを分かち合いたいと思うようになるだろう。私たちは、この傷ついた地球に暮らすすべての生命と、この分かち合いを行えるはずである。そして「自己」が広がり深まれば、そこには「慈しみ」や「思いやり」の姿勢が自然に生まれてくる。原生自然の保護も自らの保護と見なされ、まさにそう感じられるからである。

このような「同一化」については、マズローもまた「人類全体との同一化」という言葉を使って、「自己実現」や「自己超越」を説明している。

愛情の同一化も一種の超越である。たとえば、自分の子供とか、親愛な友人とかに対する愛情である。つまり、「愛他主義」であり、利己的な自己の超越である。これはまた、より広い範囲の同一化をも示している。つまり、以前よりもずっと多くの人々が、すべての人間と限度一杯ぎりぎりまで同一化を達しようとしている。これは自己がより包括的になることである。ここでの限界は人類全体との同一化に至ることである。内面心理的、現象学的な見地からいうと、自我が兄弟の一員でもあり、人類に所属するものとして経験することである。(102)

これらの論述には、現代人の「自己」「同一化」への反省の目が込められているであろう。人間がもつすぐれた心理的能力「同一化」は、その本来の能力を活かして、もっと有用に使われる必要がある。環境問題や地球の現状にしっかりと目を向ける時、そこには自分の中から自然と「思いやり」や「慈しみ」の心が沸き起こってくるのではないか。環境問題、つまり地球の惨状はいま、あたかも教師や心理療法家のような役割をもって、私たちに強く反省を促し、私たち一人ひとりが、より深い「思いやり」に気づくよう導いてくれているように思われる。

グローバリゼーションは一見、その国固有の文化をも希薄にして「(グローバル)スタンダード化」してしまうようにも見えるが、それはまた、自国の文化に新たな目を用意するというポジティブな側面ももっているはずである。何度か強調して述べてきたように、わが国の場合その方向性は、仏教的精神をその基盤にもつ伝統的な「思いやり」文化、「慈しみ」文化への目を、新しい角度から用意することにつながってくるはずである。「思いやりの回復」には、精神文化全体の質的変化《シフト》が重要であるとすれば、ここにはその契機となる大きな可能性を見ることができるであろう。

　現代の西洋先進諸国に広がっている仏教や瞑想への高い関心は、環境問題への視線の成熟ともつながりながら、現代人の心の行方を示す代表的動きの一つとして、今後もさらに大きな潮流となって行くにちがいない。なぜなら、この動きは現代という特有の時代背景から湧き起こり、押し進められているものだからである。ここには、現代に生きる人々の心が、その失われたバランスを回復させようとする補償的な動きが現れているとみることができる。第三章でも述べたように、仏教が本質的に目指す目標は、「思いやり」や「慈しみ」を取り戻し、養い深めることである。それは、現代人が集合的に求める心の行方と、その底流で深く共鳴し合っているのである。

　このような状況のなかで注目が集められている瞑想への関心は、科学的な態度（「実験精神」）をもって、現代人の「健康」や「自己実現」を求めるものでもある。瞑想はそれを達成するための「技術」としてみなされるならば、それはまた「自己覚知」を深める技術としても意味をもち、現代人にとってはとくに重要なものと言ってよいはずである。

六、日常生活における自己覚知

「自己覚知」という姿勢は、瞑想の訓練によって培われるとはいえ、日常生活に活かされなければ意味をもたないだろう。ここでは、瞑想によってなされる心理的訓練が、いかに日常生活において意味をなすのか、という観点をもって、これまでとは異なった角度から、「瞑想」や「自己覚知」の意味について考えてみることにしたい。

すでに、「思いやり」とは「共有空間に対する意識」であり、それは「洞察力」とも言えることを述べてきた。瞑想は、この意識をより深く養うことを目的として、絶えず「自分を観る」、すなわち「自分が何をしているのか」に注意をもつ訓練である。ただしこの訓練は、決して訓練のための訓練ではない。それは、その「姿勢」を普段の生活においても活かし、身につけるためのものであろう。瞑想は、この理由で、「自己覚知」を求める人々にとって、とくに重要なものとされるのである。

瞑想をしてみると、自分の注意はいつも何かに向けられていることがわかるにちがいない。湧いては去っていくたくさんの考えや感情、周囲のさまざまな音や臭い、全身の各所にある身体の感覚など、注意は次々に何かの対象に向けられながら移り過ぎていく。それをただじっと「観る」のが瞑想である。しかし、そのきわめて単純なことが、続けていくとなると、決して容易なことではないこともすぐにわかるだろう。注意は次々と移りゆくが、その注意がどこに向かっているのかを意識する（「観る」）姿勢は、簡単に失われてしまうことに気づくはずである。それに気づいた時、瞑想では、再び自分の注意の意識を保つようにしていく。それは別の言葉で言えば、（瞬間瞬間に）「自分はどうしたいのか」と自分に問い続けていくことである。瞑想のなかで行っていること、瞑想の本質的な意味とは、このことであると私は思う。

「自分はどうしたいのか」という自分自身に対する問いかけは、「自分の道を求めること」であるとも言える。日常生活においても「自分はどうしたいのか」「自分は何をしたいのか」という問題は、さまざまな行動の底辺でつねに働いている意識であろう。普段はその意識に自覚をもって行動することはあまりないかもしれないが、ある意味では、私たちの行動すべてが、この「自分はどうしたいのか」を問われていることである。もちろん、自分にとって気の進まないことをいやいやしていることもあるだろう。だが、それは意識の表面でのことである。その行動もまた、自分が本当にそれをしたいのか、と問われていることなのである。

こう考えるならば、普段の自分の行動も、自分は何をしたいのかを探している営み、すなわち「自分の道を求める」営みとして捉え返されるはずである。私たちは日々、人と話をしたり、さまざまな書物や情報などに当たりながら、「自分はどうしたいのか」を探しているのではないか。その意味で、日常生活においても私たちはみな「自己覚知」を求め続けているのである。

しかし、私たちの日常生活は、自分の外側からくるたくさんの情報や刺激、こなしていかなければばならない仕事などに追われ続けている。ほとんどのエネルギーがそれらに注がれたまま、そこで自分の内側に起こっていること（内面の出来事）を意識するような余裕はもてないでいる。それゆえに、しばし孤独と静寂の時間を取ることが、非常に重要なことになるのである。そのような時間を取って行われる瞑想という訓練は、この日常では困難な、外に向けられてばかりいる注意の反転を促してくれる自覚的作業になる。

その訓練を通して、自分を観る目、つまり自己覚知の姿勢が培われる。自分のなかにはさまざまな考えや感情や感覚、不安、恐怖、怒り、ねたみ、憎しみ、悲しみ、期待、希望などなどが、つねに沸き起こっている。最初はきわめて困難ではあるが、それらに注意を向ける訓練を続けていくことによって、それらを「観る」姿勢が次第に身についてくる。そうなれば、ゆっくりとではあるが、日常生活でも、自分の外と内にある世界両方の経験一つひとつに対して、同時に注意を払う態度が培われていくにちがいない。

いまできることとは、その自分の態度をよく見つめ、自分の世界、自分の仕事、そして自分自身に対して取っている自分のアプローチに気づくこと、つまり「自己覚知」の姿勢を、できる限りの力で持つよう心がけることである。その姿勢こそが、これまでの自分の態度に少しずつ変化を与えるものになるのである。この姿勢が確かに身についてきた時、私たちの態度には、これまでとは違う大きな変化が訪れるはずだ。なぜなら、そこでは、自分のしていることすべてに対して、「学ぶ者」としての態度を自覚することになるからである。そこでは、あらゆる経験が、世界や他者、そして私たち自身について学ぶための何かを秘めた源泉として立ち現れてくる。そして私たちは何事に対しても学ぶ姿勢を持ち、そこからまた、さらに成長したいという気持ちを強くもつようになるのである。

瞑想の訓練や自己覚知の姿勢が養われていけば、徐々に自分のしているすべてのことに対して、もっと繊細な感受性と認識がもたらされるように学んでいくことができる。学びが進んでいけば、自分を限界づけている誤った信念や知覚、行動、そして自分が貢献することのできる能力などにも、少しずつより深い気づきが増してくるようになる。それらをしっかりと認識できれば、私たちはそこからまた多くのことを学べるようになるだろう。こうして私たちが心のなかに「気づき」を持てば持つほど、すべてのことが学ぶべきものとなっていく。目の前に現れる人や物事すべてが、教師となり、教えてくれるものになるのである。そして私たちは、さらにより深く「学ぶ者」としての自覚を持って、何事に対してもより謙虚な態度を身につけ行動していくようになる。経験していること、行っていることはすべて、どんなことであれ、自分の理解を深めていく手段になるのである。

私たちが自分たちの仕事や生活に対して、そこから学びそこから成長できるような、そうしたアプローチをすることができれば、それは大いに意味のあることになる。これは、すぐれた精神文化を築き上げてきたインドの偉大な伝統では、「カルマヨーガ」として数千年の昔から知られてきた大切な教えである。そこでは、労働と奉仕、つまり日常生活すべてが、「学び」そして「気づき（覚醒）」のための好機として捉えられている。人々のために働くこと（奉仕）そのものが、気づき

（自己覚知）を与えてもらえる絶好の機会であり、そこから学ぶことが自分の成長にも大いにつながってくることが、古来から知られ、実践されてきたのである。ここでは、「奉仕する者」は「学ぶ者」であり、「学ぶ者」は「貢献する者」へと姿を変える。日常生活において、私たちはすべてのことに対して、奉仕する者でありながら、奉仕される者、生徒でありながら、教師になるのである。

七、覚者たちの教え

流血の闘争のなかで非暴力を貫いたインドの偉大な指導者ガンジーは、「あなたが村人たちのためにできる限りの力を尽くしているのは、真に人道主義的立場からなさっているのですか」と友人に聞かれて、こう答えている。「私がここにいるのは、他の誰のためでもなく私自身のためです。私は村人たちへの奉仕を通して、自分自身の自己実現を探しているのです(42)」。

ガンジーは、さまざまな社会変革運動の先頭に立つリーダーだったが、彼自身が本当に求めていたことは、インドの政治的自由の獲得ではなく、彼の言う「自己実現」、つまり個々の人間の解放だった。その「奉仕」は、「自己を滅する無私の行為」、つまり狭い自己（ないし自我の支配）を滅することによって、より大きな「自己」に至る「自己実現」の道だったのである。「自己覚知」が究められ、そこから拡大された「自己」が自覚されることによって、すべての生命は親密な関係で結びつく。そして、この親密な関係から「同一化」の能力が生まれ、その自然な結果として「非暴力」の実践が生まれるのである。そこで道徳が説かれる必要はなかった。必要なのは、物事を深く見抜く力（洞察力）であり、すべての生命が本質的に一つであると信じられることなのである。ガンジーは言う。

私は万物の一元性を信じる。人間は究極的に一つであること、そして実際またすべての生命は一つであることを信じている。それゆえ、もし誰か一人が豊かな精神性を得るなら、世界全体もまたこれを手に入れ、また誰かがそれに失敗するなら、世界もそれに応じて貧しくなるということも信じている。(109)

これらの言葉に目を向ければ、ガンジーの「自己実現」や「非暴力」、「あらゆる生命の平等主義」などにも、自然な理解が及ぶだろう。これは、まったく仏教、つまりブッダの言説にも一致するものである。ブッダが教えていた「あたかも、母が己《おの》が独《ひと》り子《ご》を命を賭けても護るように、そのように一切の生きとし生けるものどもに対しても、無量の（慈しみの）こころを起すべし(35)」という言葉は、この「慈しみ」の心にこそ、すべての生命を一つに包み込む「自己」の認識があることを説いた、仏教の偉大な教えである。仏教において座禅や瞑想の実践が重視されるのは、その実践が、この大切な「慈しみ」の心を開き出す力をもっているからなのだ。

偉大な賢者の教えを取り上げれば切りがなくなるので、ここではもう一人だけ、素晴らしい言葉を残した人物を挙げておきたい。二十世紀に生きた最も美しい女性マザー・テレサは、どこへ行っても同じようにいつもこう語っていた。

> 貧しい人は、偉大な人、愛すべき人たちです。私は、貧しい人たちにものを恵んだり、貧しい人たちを助けているのではないのです。私は貧しい人から、主の音信を受けているのです。この喜びを伝えたい。分かち合いたいのです。[157]（第一回アジア宗教者平和会議閉会式）

「気高い」と形容するしかない、すぐれた人格的成長を遂げた多くの偉大な先人たちの生き方を知ると、そこにはもはや自分と他人、豊かな人と貧しい人、学ぶ者と教える者、奉仕する者と奉仕される者、そして自分と社会、自分と世界、自分と地球、自分と宇宙などといった区別が消え失せていることがわかる。

深く自分を知っている人、すなわち「自己実現」に限りなく近づき、「自己覚知」を究めてきた人々は、みな「個人性を超えた《トランスパーソナルな》意識」に立って、人にも物事にも接していると言うことができる。それは誰にとっても決して不可能なことではないだろう。先人たちが身をもって教えてくれていることは、少しでもその目標に近づこうと努力する生き方の中に、人間がもつ本来の美しい姿があるということであり、人間には、そのような気高い本性が備わっているということにちがいない。

「自己覚知」を深めていく過程で、数々の偉大な先人たちによって切り開かれた道は、その目標を目指して歩む多くの人々によって足元を踏み固められながら、私たちが向かうべき道に、確かな方向性を示してくれている。

第七章　現代社会の心理療法

現代人は、もはや心理療法を求めているのか、霊性を求めているのか、わからなくなっている。

ジェイコブ・ニードルマン

瞑想ブームなどという言葉も聞かれるようになって久しい。いま、瞑想が日本の一般社会のなかでどれほどの広がりをもって行われているのかは、正直言ってよくわからないと言うしかないが、現代の西洋文化に、東洋の瞑想や仏教への関心の高まりが見られることは事実であり、グローバリゼーションの動きとともに、いまそうした潮流がわが国にも押し寄せていることは否定できないであろう。本書の出発点も、こうした現代の西洋文化に起こってきた動きが——そのままとは言わないが同じように——その文化を享受しながら発展してきたわが国にも波及してきている事実を前提としたものである。

すでにところどころで述べてきたように、たとえば一九六〇年代後半から七〇年代初期のアメリカには、人間の潜在能力への注目や人格的成長への欲求から生まれてきた新しい心理療法《セラピー》への強い関心や、変性意識への興味、そして個人的探求としての霊的実践や霊性への興味が社会のなかに大きく噴出しはじめた、そのはじまりの姿を見ることができる。そしてそうした時代の大きな動きが、東洋の諸宗教や瞑想をはじめ、ネイティブ文化やシャーマニズムへの強い関心にも自然とつながり、非日常的意識や霊性《スピリチュアリティ》にアプローチしようとする現代の心理学的研究の高まりなどにも、深い影響を与えてきたのである。

昨今は「癒し」という言葉がそこかしこで盛んに飛び交っているが、本書が重点的に取り組んできた現代心理療法《セラピー》における仏教や瞑想への関心という視点も、こうした大きな時代の変革期のなかで、西洋文明を謳歌してきた現代人のなかに自然と浮き上がってきた「癒し」への願望が、形になって現れたものと言えるにちがいない。一見して、史上かつて見られたこともないほどの華やかで豊かな人類の進歩の時代を生きているように見える現代人が、いったいなぜこれほど強く、「癒し」を求めねばならないのだろうか。

私たちはいま、科学という強大な力によって、数々の困難を克服し、安全な生活条件を確保して、豊かで快適に暮らすために必要な多くの知識を手にしているはずである。世界中の出来事が、かつてないスピードと規模で正確に知ることができるようになった。大量の人間が休みなく世界を飛びまわり、果ては宇宙にまで旅することも可能になった。臓器を交換して生命を長らえ、遺伝子コードを解明し、宇宙の起源さえも知りはじめている。人間とは想像を絶する能力をもった生き物であり、現代の科学技術の進展はとどまるところを知らないかのように見える。

しかし、それらの素晴らしい進歩にもかかわらず、私たちの未来は決して幸福を約束するものになっているとは言えない。少し視点を変えさえすれば、現代の進歩ゆえに生み出されたとも言える地球規模の環境破壊が、もはや自分たち自身の生命の存続さえをも脅かすような、深刻な事態を招いていることが見えてくる。また、世界中で数億ドルという費用が軍備に費やされるその陰で、莫大な数の人々が食糧を手にできず、飢餓や病気で生命を奪われることを余儀なくされている。それらの深刻な問題は、まるで私たち自身を映し出す鏡のようになって、人間がもっと自分たち自身を、そして内面を見つめることを迫っているかのように思える。

私たちは外部の成功に目を奪われ、自分たち自身の内面をおろそかにし、その可能性を見過ごし、それをどこかに押しやってきたのではないだろうか。私たちは自分の内面から切り離されてしまい、見る目を歪ませてきたのではないか。外部に幸福を探し求めてきた現代の文明の進歩は、いつしかこうした反省を私たちの内に呼び起こさせているように思う。現代とは、そうした動きが集合的規模で起きはじめている時代だと言えるのではないだろうか。

この最後の章では、本書の締めくくりとして、こうした現代の状況（とくに西洋文明によってもたらされたもの）を少し掘り下げて考えてみながら、より広い視野に立って、現代における仏教や心理療法への理解をさらに深めていくことにしたいと思う。

一、現代性と霊性

現代とは、何事にも「合理的」に関われるようになった時代と言ってよい。一般的にも広く認められているように、著名な社会学者マックス・ウェーバーによって示された見解によれば、伝統社会から現代社会への移行は、科学、技術、経済、学問の発達を伴った「合理化」による進歩をもたらし、人々を魔術や神秘的なものへの恐怖から自由にする、「呪術からの解放」の過程をもたらした。私たちは「合理的に」物事を考えることによって、もはや「わけのわからないもの」や「迷信的なもの」に対して、不必要な恐怖をもたなくてすむようになったのである。

しかし、それは確かに「進歩」だったと言えるとしても、人間の可能性を拡大する方向へ導いてくれたものではなかった。その進歩によって築かれた近代の仕組みは、冷たく、堅く、「耐えがたいほどに」人間性を圧迫するものとなる。ウェーバーが述べているところを引用しておこう。

今日の資本主義的経済組織は、既成の巨大な秩序界《コスモス》であって、個々人は生まれながらにしてその中に入り込むのだし、個々人（少なくともばらばらな個人としての）にとっては、事実上、その中で生きねばならぬ変革しがたい鉄の檻として与えられているものなのだ。[170]

現代の社会学的分析によれば、この資本主義の強力な発展プロセスは、あらゆる領域に「意味や自由の喪失としての合理化」を押し進めるものとなり、果ては、人々の身近な「生活世界」までをも乗っ取り、その「貧困化」「技術化」を伴った病的とさえ言えるような状況（「生活世界の植民地化」）にまで、つながっていくものになった。[67] それは確かに「進歩」だったと言えるとしても、人間の可能性を拡大する方向へ導いてくれたものではなかったと言わねばならない。

私たちの社会生活は、この「合理化」に基づいた資本の論理や、政治機構が作る巨大な「システム」に取り囲まれている。そうした「合理化」の過程は、いまや社会や環境だけにとどまらず、個々人のコミュニケーションの次元にさえも密かに滑り込んできているが、そこでは、個人の内面的生活や人間性というものが、意味や価値のないものとして冷たく突き飛ばされてしまう。それらは、公的な意味や価値のない、「主観性」という領域のなかに追いやられてしまっていると言ってもよいだろう。自然や環境に対する「合理化」の過程は、当の人間自身にも向かい、密かに滑り込んでくるからである。第三章のはじめのほうに引用したエーリッヒ・フロムの言葉にも示されていたように、「自分自身からの疎外、自分の仲間からの疎外、自然からの疎外」は、現代人の特徴として、これを具体的に表現した言葉にほかならない。

人間の内面生活を支えてきた伝統的な体系である「宗教」も、「呪術からの解放」や「合理化」によって、徐々に「世俗化」し「形骸化」していったわけだが、そこでは「宗教」のなかに含まれていた「大切なもの」までがすべて意味を失っていく結果ももたらされることになった。この「大切なもの」とは、突き詰めてみると、人間が自分たちの内面で大きな意味を与えてきた、「聖なるもの」と呼べる「こころの領域」である。ルドルフ・オットー[118]が追求していったように、「聖なるもの」とは、「ヌミノーゼ」、つまり「言いがたきもの」「敬虔」「戦慄」「畏れ」「力」「魅するもの」「崇高」といった特質で言い表される、私たち人間の「精神内の事実」としての感情的体験に本質をもつものである。それらは、いかに科学や現代文明が進歩したとしても、人間である限り、自分たち自身の内面に確かに存在する、自然で本能的とも呼べるような感情であろう。

現代社会の生活では気づく機会が非常に少なくなっていると考えられるが、たとえば大地震など自然が引き起こす深刻な災害に直面した時、私たちは「言いがたきもの」「戦慄」「畏れ」といった感情に出会う。大災害のようなパニックの場合には「聖なるもの」などと言っている余裕はないかもしれないが、人間を超えたものの「存在」や「力」に出会う時、人はしばしば「敬虔」な気持ちをもつ。そしてそこからは、もはや個人の利害などに捉われない（個人を超えて）、他者を慈しみ、敬い、助け合うという「崇高な」精神に接することが見られる。しかしそれは、いま述べてきたように、合理的な時代の進展のなかで、日常生活においては、個人の心の隅の意識されない領域の中に追いやられてきたのである。

この「大切なもの」は、いかに科学や現代文明が進歩したとしても、私たちが人間である限り、自分たち自身の内面に確かに存在する心の、自然で本能的とも言えるような欲求であろう。しかし、いま述べてきたように、それは合理的な時代の進展のなかで隅に追いやられてきたのである。

確かに「宗教」という一つの社会的な組織形態や制度は「形骸化」し、合理的精神を身につけた現代人には、もはや重要な意味はなくなってきている。しかし、私たちの心のなかには、そうした組織や制度は必要としないとしても、依然として内から沸き上がってくる、誰もが本能的に大切と感じる心がある。現代の西洋社会においては「霊性《スピリチュアリティ》」という言葉が盛んに使われるようになってきたが、それは、こうした人間の内面にいまだ失われずに存在している大切な心を引き上げる必要性が、強く意識されるようになってきたからである。「宗教」という言葉には、現代においては無用でむしろ有害とさえ言える、さまざまな余計な意味が付着しすぎてしまったように思われる。そこで、「宗教」という用語に代えて、隅に押しやられてきた大切なものを新たに評価して用いる必要が出てきたのである。

二、霊性とは何か

「霊性（spirituality）」という言葉が、近年の欧米諸国で盛んに使用されていることは、おそらく多くの方が周知のことだろう。当然、わが国でもこの言葉が社会の各所に浸透しつつあるが、その導入や使用に際しては議論も多く、「霊性」は、いまだ日本語として定着した訳語にはなっていないようである。

文化の違いと片づけてしまえばそれまでであろう。実際、これまでは適切な訳語がないことが壁となり、この言葉はつねに大きな抵抗をもって迎えられてきた。しかし、現在の世界での使用状況を客観的に見ると、わが国でもすでに、従来の態度を大きく変更せざるを得ない状況がやってきているように思われる。

というのも、この言葉は決して一般社会での使用に留まるものではなく、心理学や医学の分野においてはとくに、学術用語としてますます重要な意義が担わされるようになっているからである。近年、WHO憲章の見直し作業のなかで、健康概念にこのspiritualという要素を盛り込むことが提案され検討されているが、これは、水面下で進行中の大きなうねりが波頭の一つになって現れたものである。

医学のなかでは、とくに終末期医療の分野で「スピリチュアルケア」という概念が欠かせないものになってきており、わが国でもその必要性が認識されはじめている[72,92]。この概念の広がりとともに、欧米では、末期癌やHIVを代表とする医療現場からの要請によって、とくに看護の分野でその重要性についての議論が活発になっている状況が目立っている[38,41,68,123]。また終末期医療とは異なるものだが、精神医学の分野では、診断マニュアルのDSM-Ⅳ[1]（APA）に、「臨床的関与の対象となることのある状態」として“religious or spiritual problem”という項目が設けられたことは、小さな活動のように見えるとしてもその意義は大きい[54,86,158]。また臨床に役立てるため、霊性の評価尺度を工夫する研究なども盛んになされつつあり、最近では、医学教育に霊性についてのカリキュラムを組もうという動きまでも見られるようになってきた[125]。

一方、心理学の分野ではとくに心理療法との関連で、従来、現代社会において見過ごされてきた要素として、霊性という概念が注目されるようになり、それを大きく評価しようという動きは確実に広がりつつある[22、31、53、85、100、140][2]。

筆者のスタンスは、決して「欧米は進んでいて日本は遅れている」といったような視点に立っているわけではない。適切な訳語を探し出す努力は今後も継続していくだろうし、されねばならない。しかし、もはやその時間的余裕もないほど、この言葉の日本語表記での使用の必要性は増している状況が見られるのである。

霊性（spirituality）という用語の使用法は、英語圏でも時代とともに変化してきているようであり、近年になって新しい定義を求めようとする学術的議論も各所でなされている。ここでは、以上のような現状を踏まえて、「霊性」「スピリチュアリティ」という言葉を正面から取り上げ、それらの議論を参照しながら、霊性の定義やその意義を眺め渡しておきたい[3]。

Spiritualityという英語の起源は、ラテン語の名詞spiritusあるいは形容詞spiritalisに由来するspiritualitasに求められ、そもそも「息」ないし「風」を意味していたものとされている[124]。これが英語圏やフランス語圏に登場したのは中世になってからのことだが、当時はまだ、宗教者だけの使用に限られたものであった。

英語圏で注目されるべき動きとしては、十九世紀後半から二十世紀の前半、いわゆる西洋の「唯物主義」批判として起こったヒンドゥー教の優位を説く運動（スワミ・ヴィヴェカナンダやアニー・

ベザントらによるもの）のなかで、この spirituality が頻用されたことが挙げられる。しかしこれは決して、一般社会にも広がるような動きになったわけではないと考えるのが妥当であろう。近年の英語圏での使用を振り返った論文[124]によると、現在の英語の spirituality には、フランス語の spititualité の訳語が新しく復活した用語として使用されはじめた経緯が見られると述べられており、一九六〇年代までは、英語の辞書にも現在の spirituality を示すような説明は見られないと言われている。とすると、やはり六〇年代以降の対抗文化の影響が大きいのではないかと思われるのだが、根拠のない憶測は避けておこう。

ただ、spirituality は、英語圏でも決して一般社会で古くから使われていた言葉ではなかったという点には注意しておきたい。わが国への導入に当たっては、しばしば「この言葉はキリスト教を基盤とするものであるから日本人には馴染まない」といった議論がなされるが、欧米社会でも一般に馴染みのなかったものと考えられるならば、起源はそこにあるとはいえ、このような見解は当たらないように思える。この言葉は、伝統的に使用されてこなかったことで明確な意味規定が薄かったが、かえってそれゆえに使用されるようになったと推測されるもので、現代社会からの求めに応じて新たに復活させられ、重要な意義を担わされた用語と考えられるのである。

では、いったい現代の「霊性」とは何を意味する言葉だろうか。近年の定義をいくつか吟味したなかで比較的わかりやすいものとしては、欧米における新しい仏教や心理学にも造詣の深いアメリカの哲学者ドナルド・ロスバーグの定義があるので、議論の入口として参照してみたい。

ロスバーグは、「自己や共同体が「聖なるもの」に十分に加担し表現する方向に向かって、生きた変容が促されるのを助ける教義や実践に関わるもの」として霊性を定義づけている。そして「宗教は「聖なる」とみなされるものと関連する教義・儀式・神話・体験・倫理・社会構造などの組織化された形を意味する」と述べて、これら両者の用語に明確な区別を行おうとしている。[131]

要するに霊性とは、従来から使われてきた「宗教」という言葉から、その組織や制度としての側面を排したものであり、現代の欧米社会では、この使い方が最も一般的であると考えられる。ロスバーグは、この定義によって霊性を規定するならば、現代の西洋社会には「宗教的でない霊的アプローチ」というものが存在しており、一方、「霊性のほとんど、あるいはまったくない宗教的アプローチ」というものも存在すると述べている。

こうした状況は現在のわが国でもおそらく同じように当てはまるはずである。霊性という用語は、現代社会に新たに生まれてきた状況の一つを言い表す便利な言葉として、選ばれ使われるようになったものなのである。

三、日本の霊性

霊性という言葉を考える上で見逃すことのできない著作がわが国にある。鈴木大拙が著した『日本的霊性[153]』である。この著作の初版は第二次大戦中の一九四四年に出版されていたが、書中で提唱された「霊性」という概念は、出版後近年に至るまで、ほとんど大きな注目を集めることはなかったようである。英訳は出版されていないようだから、現在の西洋社会での普及状況への影響はなかったものと考えられるが、いま振り返ってみると、この著作の意義は世界でも先駆的なものとして位置づけられるものであり、ここで改めて顧みる意義を十分にもった著作になっている。

大拙はその著書のなかで、「霊性」という用語の使用法について、「精神」「心」「たましい」などの類似の言葉と対比しつつ、論じている。その考察を見ると、「精神」や「心」という言葉の使用に関する記述には、決して古臭さは感じられることもなく、現在でも十分に納得のいく論述になっている。詳しくは原著に当たっていただきたいが、ここではその議論の内容をごく簡単にまとめておくことにしよう。

大拙はまず、「霊性」という言葉はあまり使われない言葉であることを明記した上で、「精神」とは区別して使われるべき必要性について説く。精神という言葉は「意志」であり「注意力」であり、心・魂《たましい》・物の中核として使われる言葉であることを一通り考察した後で、精神という言葉は、つねに必ず物質と対抗するものとして二元的思想の上で使われることに注意が喚起される。「だがそうなると、精神を物質に入れ、物質を精神に入れることができない」。この二つのものを包んで一つ、そして一つであって二つであるという、二つの世界の裏に開ける世界がある。それを言い表すための言葉が必要である、というのが、大拙が霊性という言葉を主張する理由である。

大拙によれば、霊性は宗教的意識と言うこともできる。だが宗教と言うと、日本人にはたいてい宗教に対して深い理解がないため、迷信とか信仰という要素に絡む誤解が生じやすい。宗教意識と言わず、霊性という言葉を引き出すのはこのためである。宗教は霊性に目覚めることによってはじめてわかるものであり、「宗教意識は霊性の経験である」。「一般に解している宗教は、制度化したもので、個人的宗教経験を土台にして、その上に集団意識的工作を加えたものである」。霊性はそこにも見出されるとはいえ、多くの場合、単なる形式に堕落してしまう。霊性と呼ぶべきはたらきが出てこなければ、本当の宗教ではないのである。

霊性と言っても、特別なはたらきをする何かがあるわけではない。が、それは普通に精神と言っているはたらきとは違うと大拙は言う。精神には倫理性があるが、霊性はそれを超越している。精神は分別を基礎としているが、霊性は無分別智であり、その直覚力は、精神のよりも高次元のものである。「霊性は精神の奥に潜在しているはたらきで、これが目覚めると精神の二元性は解消して、精神はその本体の上において感覚し思惟し意志し行為し能うものと言っておくのがよいかも知れん」。

大拙の主張によれば、この霊性はどの民族に限られるということなく普遍性をもつものであるが、その目覚めが精神活動の諸事象に現れる形式には各民族に違いがある。そこで、「日本的霊性」というものが語られるのである。

日本の歴史を見渡すと、神道の伝統にはまだ霊性の目覚めは見られないと大拙は言う。霊性がわが国で目覚めたのは、鎌倉時代に入ってからであり、法然―親鸞の浄土系思想にその情性的側面が、そして禅にその知性的側面が現れ、はじめて本当の意味での宗教が日本に成立したとされる。そして、この目覚めが個人に現れる現象を人称的に捉えたものが、「超個」の自覚である。人はその時、「超個の個」として生を営むのである。[4]

以上が大拙の「霊性」についての概要である。「本当の宗教」を巡ってなされる大拙の論述は、現代のトランスパーソナル心理学をリードするケン・ウィルバーの「宗教の本格性（authentic）」の議論[177]と酷似していて非常に興味深いのだが、この議論は本書ないし筆者が扱える範囲を超えている。だが、大拙の「宗教」と「霊性」の区別に、先に述べてきた現代における西洋の「霊性」と同様の扱い方が見られることには注目しておきたい。大拙は、日本人の場合には「宗教」という言葉が容易に誤解されやすいため「霊性」が必要になると主張していたのだが、それは必ずしも日本人に限ったことではなく、現代人一般に当てはまることであろう。この点で大拙の「霊性」は現代の西洋社会での霊性とまったく同じ使用法と考えられるもので、世界に先駆けた霊性の使用法がすでにわが国から提出されていたと考えられるのである。

ただ、大拙の「霊性」は現在の西欧社会での使用法と比べると、「宗教意識の目覚め」という点に重点が置かれすぎているようにも思われる。禅学者として深い宗教的体験に基づく立場から発言された内容は、いかにもその神髄をついたものであろうが、現代社会における霊性は、ごく普通の一般の人々も気軽に使用する言葉である。その使用法は必ずしも、「精神の二元性を解消させる経験」を明確に指し示すものではないようだ。

しかし、現代の霊性もまた、「精神の奥に潜在しているはたらき」という点では、それを言い表すものと言えるにちがいない。必ずしも明確に意識に自覚されてはいないかもしれないが、その予感のようなものを感じ取る感性、あるいはそれを感じ取り、積極的に求めようとする欲求が現代人には増大しており、それを言い表す言葉として「霊性」が使用されていると考えられるのではないだろうか。

大拙の霊性の議論を嚙みしめると、霊性には「深さ」があると考えてはどうかと思う。大拙の霊性はその最も深いレベルでの本格的自覚を表現したものであろう。だがその表面のきわめて浅いレベルでも、霊性は人々に感じ取られているのではないだろうか。また、その確固たる目覚めの経験はないとしても、現代人に欠けたものとしてそれを意識し、それに関心をもち、それを追求しようという欲求が、この時代に生きる敏感な感性には強くせり上がってきていると考えられる。

四、霊性の簡潔な定義

「たましいは本来宗教的である」とは、ユングの有名な言葉であるが、人間には宗教を生み出す本来的な心理的傾向がある。この心理的傾向ないし宗教的欲求については、「歴史心理学」の立場に立って現代人の「宗教」について言及した湯浅のすぐれた論考[181]を参照させていただくと、「生きることの不安を解消し、そこにおいて安心できるような絶対的献身の対象を求める心理的傾向」として言い表されるものである。

霊性とはこの心理的傾向や宗教的欲求を指す言葉であると考えてもよいだろう。ただ、現代人の心には、そのような心理的傾向を深層的基盤とするものではあろうが、物質的豊かさを獲得し、合理的知性を身につけた立場から、さらに積極的に「生の意味や目的を求める」心理的傾向が、より強く意識の表面にのぼってきていると考える。現代の霊性という言葉は、この意味では表層的と言うべきとしても、いかにも現代的な用語として、現代に生きる多くの人々からその価値を与えられているように思える。

以上のように考えることによって、現代の「霊性」という用語は、簡潔に次のように定義できると考えている。すなわち、「霊性とは、人間に本来的に備わった生の意味や目的を求める無意識的欲求やその自覚である」と。(15)

霊性は、人間の無意識のなかに眠っているが、人生のさまざまな機会を通して意識にのぼってくるものであり、それは、本書で述べた「現代性」との関わりのなかで、より多くの人々の心の表面に浮上してきている心理学的欲求や自覚、そしてそれらと関わる価値観などを広く言い表す用語である。それらの欲求や自覚は、従来それらが扱われてきた「宗教」と切り離された現代人にとって、ますます重要な用語になってきているのである。

五、現代人の霊性の探求

本章のはじめで述べたように、「現代性」を特徴とする社会においては、過去のあらゆる宗教的表現は、本質的にドグマティックで迷信的なものと見なされる（呪術からの解放）。それらは、科学者にとっては非合理で経験的基礎を欠いたもの、社会学者にとっては社会逃避であり圧制的政府の共謀（マルクス）、心理学者にとっては心理学的未熟性（フロイト）、哲学者にとっては実存的不具者（ニーチェ）にしかすぎなくなっていく。そこでは人間の霊性《スピリチュアリティ》はどこにも場所をもつことを許されなかった。そしてそれは、ひたすら「主観的」「個人的」「私的」領域のなかに追放され、価値をおとしめられてきたのである。

もしこうした過程のなかで、現代の多くの人々が伝統的宗教生活にとって代わるものを探し求めているとするならば、「宗教」と呼ばれてきたもののなかでいま、何が価値があり、何が価値がないかと考えることは有用であろう。「霊性《スピリチュアリティ》」に価値を見出すことは、その意味でごく自然な動きにちがいない。こうした動きは、「主観的」「個人的」世界の探求、「自己（わたし）」の探求、「霊性《スピリチュアリティ》」の探求や回復などという形をとって、現代社会のさまざまなところに顔をのぞかせてきているように思う。またそれは、従来の「宗教」という形態のなかでではなく、個人レベルで行われるようになってきているのが特徴と考えられる。

本書で重点を置いて述べてきた瞑想も、いまでは特定の宗教組織に入信したから実践される、というようなものではなくなってきている。西洋でのいわゆる禅センターや瞑想センター、リトリート（集中的合宿）およびワークショップ形式のもの、そしてわが国でも寺院で週末に行われる参禅会のようなものも、従来の「宗教」とは異なった、個人の主体的意志にまかされたものになっている。現代の霊性の探求には、このようなきわめて個人的な探求としてなされているという特徴を見ることができる。

ただ、個人的な探求が社会から隔絶された孤独な作業としてなされるならば、そこには大きな危険がはらまれてくる。西洋において近代への移行が強力に押し進められた時代の一部の芸術家や思想家たちの孤独な探求（たとえば、ランボー、ヘルダーリン、ニーチェなど）には、その代表的な姿が見出せるかもしれない。しかし、それは、これまで見てきた「現代性」の圧迫による犠牲としてであったように思う。そうした一部の鋭敏な感性をもった人々の探求は、大きな力を得て進む巨大な「システム」の動きに逆行するがゆえに、きわめて孤独な作業としてなされるしかなかったのである。

しかし、深刻な地球環境の危機や人口増加の行く末などが科学的データとして客観的に示されるポストモダンの今日においては、霊性の探求というものは、決して単なる主観的な私的なものではなく、多くの人々が共有する動きになってきている。それは決して、社会や人々とのつながりを失った孤独なものにはならないはずだ。現代の地球環境の危機、また、目前にあるほとんどの問題すべては、根本的にわれわれ人間一人ひとりが作り上げたものであり、私たち一人ひとりが集合的に生み出している「諸症状」だという見方も成り立つが(163)、そこに見出されるものは、すべて私たち一人ひとりの心の姿であると考えるならば、その痛みは一人ひとり、誰もが共通して分かち持っているはずである。霊性の探求や回復、そしてそれを表明することは、今日ではむしろ、人と人とのつながりを深めるものにさえなってきている。

六、個と宗教

ここで「一人ひとり」という言葉を強調するのは、私たちの時代が「個の時代」だと思うからである。近現代という私たちの時代は、「個」を確立すること、そしてその「個」がそれぞれもつ自由な意志や考えを尊重することで、大きな進歩を切り開いてきたと言える。しかし、「宗教」と言われてきたものには、この築き上げてきた「個」を、誰かや集団に安易にゆだねてしまうという要素も大きい。私たちは「個の時代」を作り上げてきたゆえに、苦しんでいるのかもしれないが、「宗教」がいかに人間にとって大切なものであろうと、われわれはすべてを投げ出してそこに帰ることはできないし、帰ってはならないだろう。

「個」を大事にしながら、霊性を生かすことを大切にし、そこから出発するしか私たちにはないように思う。そして、社会としっかりとつながりをもった霊性を育て上げる道こそが、必要とされているのではないだろうか。それが現代という時代だと思うのである。そして、この時代にあっては、こうした状況のなかで、私たち一人ひとりのなかに、「自分自身を知りたい」という欲求がますます募ってきているのである。

果たして私たち現代人は、自分自身のことをどれだけ知っているのだろうか。現代に起こっているさまざまな自己破壊的な要素は、私たちに本来備わっている人間性や、霊性の崇高な性質や価値から、私たちが疎外されていることの直接的反映のように思える。だとすれば、現代に起こっている、瞑想や仏教や神秘主義などへの関心の高まりや、古くからあるさまざまな人間の霊的伝統への関心の高まりといったものは、人間がそうした疎外からの回復の道を探しはじめている動きとして見ることができ、決して軽視すべきものではない。それらにはみな、現代人が学ぶべき重要な根本的認識が何らかの形で示されている。欲にとりつかれた自己破壊的行動を避け、あらゆる存在のつながりや相互依存性に気づき、他者や地球の自然を慈しみ敬うことの重要性を強く自覚する、人間に備わった気高い認識が示されているはずである。そして、それらはみな、人間だれものなかに可能性として潜められた、体験的事実のなかから生まれたものなのである。

七、「瞑想の時代」における現代社会の心理療法

霊性への現代の関心の高まりは、大きな目で見れば、自発的に沸き起こってきた人間の自然治癒

へのプロセスと見ることもできる。ウェーバーの言う「合理化」は、長期にわたる社会構造上の変化を意味するだけでなく、同時にフロイトの言う意味での、心の「防衛機制」としての「合理化」でもある。「合理化」のプロセスは、霊性（それだけではなく、女性性、自然、身体といったものが含まれるだろう）を無意識裏に「抑圧」してきたと言えるにちがいない。「合理化」は、現代人にさまざまな「症状」を生み出してきたのである。

私たちの心、そして私たち人間という存在は、合理的にできあがってはいない。それは、「生きている生命」なのであり、大いなる自然の循環サイクルの一部である。知性でいかに「宗教」を否定したとしても、生命が生み出す心、つまり人間に本来備わった心理的欲求である霊性は体験的事実である限り、決して否定することはできないのである。

「合理化」によって失われた社会システムとしての「通過儀礼」というものも、人間の生命そして心という自然の循環サイクルが形として現れたものと言えるはずだ。単純に形式としての「通過儀礼」を復活させろと言っても何もはじまりはしないだろうが、そうしたシステムを生み出してきた、生命の自然な循環サイクルから現れてくる心の動きは、人間である限り、個人のなかから決して消え去りはしない。その衝動は、「現代性」によって「抑圧」されたものを回復し、バランスを取ろうとする心の自然で健全な動きとして、一人ひとりの内面で、その蓋が開けられるのを待っているにちがいない。

科学の力によっていわば自分たちの外部にかつてない繁栄を築き上げてきたその陰で、内部には、生命ある存在であるがゆえに沸き上がってくる霊性をますます強く希求しはじめた現代人には、いま、ともすれば大きくバランスを失ってしまう危険性もある。何度か強調してきたが、外部に現れている現象や諸症状も、私たち一人ひとりの心の反映として理解することができるとすれば、私たちには、いま個人個人の意識の変革が求められている。そして、外部への肥大した物質的繁栄の裏で相対的にないがしろにされてきてしまった私たちの内部からの声、つまり心の動きをしっかりと受け止め、バランスを回復することが求められているのではないだろうか。ただし、それは科学がなかった「古き良き時代」に戻るべきだということではない。それはそもそも不可能である。また、現代文明に背を向けて、ただ「自然に帰れ」と言ってすむようなものでもない。

仏教や、その偉大な教えに従って長い間連綿と引き継がれてきた瞑想という伝統的実践法の計り知れない価値に目を向けることは、この意味で非常に重要なことである。現代人はいま、自らの内から沸き起こる心の再発掘という強い衝動に促されながら、この科学時代の先を行く新たな方向を模索し続けているのではないか。瞑想的実践や現代心理療法《セラピー》に現代人の強い関心が集まっているのは、私たちが集合的規模で個々の内面の探求を行い、それをただ自身の治癒に役立てようとするだけでなく、訪れてきた大きな時代の波を乗り切り、その先の時代を歩むために心を成長させる必要性をも強く感じているからではないだろうか。魔術的な科学以前の世界に決して舞い戻るようなことなく、心の可能性を大きく開き出すこと、そして「個」を失ってしまうようなことなく、それをしっかりと社会のなかで活かして生きていくこと、それこそがいまの人間や社会が必要とすることであろう。歴史のなかで浮上してきた、この「瞑想の時代」を、足を踏みはずすことなくしっかりと生き抜くことが、私たちに課された治癒と変容への道にちがいない。それは、現代ゆえにこそ大きく吹き出したものであり、現代だからこそしっかりと受け止めることもできるようになったものなのである。

アルバート・アインシュタインが残した次の言葉には、現代に生きる私たち一人ひとりの課題が見事に凝縮されて述べられているように思える。

人間は、われわれが「宇宙」と呼ぶ全体の一部、時間と空間によって限定された一部である。人は、自分自身、自分の思考、自分の感情を、他から分離したものとして、つまりある種の意識の視覚的妄想として体験している。この妄想は、われわれにとって一種の牢獄のようなもので、われわれを個人的欲望や最も身近な数少ない人たちに対する愛情に限定してしまう。われわれの課題は、愛情の輪を広げ、この牢獄から自分自身を解放し、生きとし生けるもの、そして自然全体を、その美のなかで抱きしめることである。(52)

ここには、本書で探求してきた仏教と現代心理療法との関係についても、より広い視野から重要な示唆がなされていると考えたい。第三章で詳しく取り上げた議論を思い起こしていただければ、仏教が説く「自己」が実体のないものであるという主張は、現代の心理学的立場から見ても十分に理解できたはずである。

私たちは、死の不安を巧みに回避しながら、「誰か」になろうとする、つまり「自己」に同一化（執着）することによって、生を営んでいく。しかし、人が実体として思い込み執着するのは、すべて死の回避のための代用の満足である。それは川に浮かぶ筏にしがみつくことによって、自分が川であることを忘れる営みなのだ。私たちは、「宇宙」と呼ぶ全体から切り離され、自分自身、自分の思考・感情を分離したものとして、「視覚的妄想」を体験しているのである。

それはまさに「一種の牢獄のようなもの」であろう。しかし、その牢獄から抜け出す道は確かにあるという希望を、仏教は、その「苦」を知った立場から深い「慈しみ」の目をもって、最も明解に示してくれているのである。それは確かに「われわれ（現代人）の課題」である。個人的欲望や自己を含めた身近な数少ない人たちへの愛情に限定してしまうことなく、その執着を解き放ち、自己自身を解放すること（「無我」）が、私たちの課題なのである。

「無明」というあり方に気づき、「妄想」から目覚めたその時、生きとし生けるものは、生かされてある美として、ありのままの姿をそこに現す。その美をしっかりと抱きしめて歩むことこそが、生の意味と目的にちがいない。

仏教は、私たちがその「課題」を乗り越えていくための「心理療法」である。そしてまた、現代の心理療法の実践においても、それを根底から支える偉大なすぐれた指針として、いまもなお深く重く、強い響きを鳴らし続けている。

あとがき

今後の日本社会を考える時、自らの足元にある文化として「仏教」および「禅」には特別の重要性があると考える。本書が目標に見据えた事は、わが国における「仏教」、とりわけ「禅」の「再発見」「再認識」である。

「宗教」という言葉には、強い警戒感を持ちながらも、そのことによって「失われた大切な事がある」という気持ちは、現代人の誰もが抱いているであろう。「禅」の場合、「禅宗」という「宗教としての禅」は確かにある。がしかし、「禅は宗教ではない」という認識も、私たちの心の片隅には残っており、実際、わが国の歴史には、宗教とは無関係に「禅」を重んじてきた伝統がある。いまでも時に著名な政治家やスポーツ選手が参禅する姿が見られるのは、その一端であり、それを「宗教」とはみなさない文化的認識は残っている。

禅はかつて、日本人の精神的支柱の一つとして確かに存在し、大きな役割を担ってきたと考えられる。その伝統は、特に「エリート」と呼ばれる、政治、経済、思想その他各分野のリーダー達に大切にされてきた。しかし、時代の移り変わりの中でいつしかその力は衰微していったようである。衰微の転換点には、第二次大戦への政治的荷担という問題も確かに大きくあったのだろう。この問題については、最近外国人の研究者の手による書物（『禅と戦争――禅仏教は戦争に協力したか』光人社刊）が、わが国のみならず数カ国で出版されたが、その責任の重大さは言うまでもない。

が、それはやはり、時代の大流によって生み出されたもので、過去の一部のリーダー達が国家的集団に圧倒的な影響力を持った様な時代は、いまや完全に終焉した。現代社会は、その経験の上に立って誕生した「市民の時代」「大衆の時代」であり、「個人の時代」「女性の時代」である。

現代の、とりわけ西洋社会における「禅」への注目は、この新たな時代の中から沸き起こってきた意識であり、この事は、いまの日本にとっても極めて重要な意味を持っているはずである。それは、決して「エリート」にとってのものではなく、市民社会に生きる「個々人にとっての精神的支柱」という新しい意味を担って「再発見」されている。その大波はいま、私たち日本人一人ひとりに、貴重な精神的支柱の再発見を促すものとなって世界から押し寄せてきているのである。

＊　＊　＊

本書では「瞑想」という用語を多用した。現在の日本においては、「瞑想」というと、様々な理由から即座に拒否的な態度で受け止められることもあるようである。そのような状況を考え、使用を極力差し控えるという方法もあったかもしれない。だが、現在の世界的動向を視野に収めて、

「仏教」や「禅」を捉え直すには、この「瞑想 meditation」という用語の現代的意義を脇に置いては不可能であると考える。

本文中で六〇年代後半以降の時代潮流を強調して述べたのも、この「瞑想 meditation」への関心につながっていった精神文化的動きを、格別重要なものと考えているからである。「ラブ・アンド・ピース」と声高に叫んだあの時代の精神《スピリット》は、人類にとって決して一時の流行とみなされるようなものではない。Meditation への関心は、当時の多くの人々が真剣に心の底から求めた「平和《ピース》」の祈りへとつながっている。

「平和」は先ず、自己（との対話）の中に培われることによって、他との平和へと広がっていくもの。その道を真摯に追求しようとする精神が、現代の「瞑想 meditation」への関心の核心にある。その精神を押し上げ、大切に守り抜いてきた大勢の人々の意識《スピリット》を受け継ぎ、確かに伝承して行きたい。

その世界的な動きがわが国に迫っている一つの重要な方向性として、「禅」の「再発見」があると筆者は考える。現状においては、「瞑想」に興味を寄せる人々の関心が、禅の再発見や再認識に直接結びついてはいないようにも思えるが、現代に浮上してきた「瞑想《メディテーション》」には、私たち日本人にとって極めて重要な意味があることが多くの人々によって発掘される日が必ず来ると信じている。

そして、現代社会においては、とりわけ、これまでの「禅」とは疎遠だった中年以降のより多くの女性の方々によって、熱心に学ばれ実践される日が来ることを期待したい。なぜならば、現在の日本社会の精神文化を根底で支える人々が、「瞑想」や「禅」に関心を持ち、実践するならば、今後の社会により大きな変革の力が生まれてくるに違いないからである。そのような内面的力を備えた「真に美しい」女性達が、今後より多く日本の社会に広がっていくことを心深く祈りたい。

＊　＊　＊

昨今は、戦争を体験された大先輩の先生方から、わが国の将来の行く末に次々と悲観的な見解をうかがう機会が増えてしまった。先人達の言うように、私たち日本人はいま、確かにプライドを失っているように思える。現在の状況を「第二の敗戦」と受け止める見方もあり、そこからは「個の確立」や「自立した精神」の必要性が、改めて強調される論述を目にする機会も増えた。

戦後急いで築き上げてきた華々しい物質文明の成功の裏で、蔑ろにされてきた精神面での弱さ、自我の未成熟が、自覚をもって問われ出しているという事にちがいない。国民が一丸となることが要請された「高度経済成長」の元では、集団の価値や利益が最優先される。「個」は、その事によって犠牲にされてきたのは必然であった。

「個の確立」というテーマは、わが国の知識人によって古くから取り上げられてきた議論ではあったが、その内容や重要性は、時代進展の中では多くの人々の意識と切り離されたまま現在に至ってしまったという事であろう。

近代の西洋が築き上げてきた「強い」自我に対抗しうるだけの自我の強さを持ち得なかったと考

えれば、そこには確かに「第二の敗戦」が露呈されたということになるのかもしれない。そこで改めて西洋的な「個の確立」を求める議論がなされるのは、至極当然の事である。だが、いまわが国で問われている「個の確立」は、必ずしも西洋に追随するものではないと考える。そもそも、「個の確立」と呼ばれるものは、物質のように輸入できるようなものではなく、いかにそれを模倣したとしても表層的なものであることが明確になったのが、現在の状況ではないだろうか。

「個の確立」とは何かと言い出すと簡単に語り尽くせるようなものではないが、それは「己事究明」という言葉で示されてきたものと違いはないと筆者は考える。自分（たち）がどのようにして今に至ったのかをよく知り、それを意識化して自覚を深めることが、「個の確立」や「自立した精神」を築き上げるものであろう。そう考えるならば、西洋人の、中国人の、………そして日本人の「個の確立」という、それぞれ特色をもった「個の確立」があるはずである。それは、グローバリゼーションの進行ゆえに現代人に突きつけられた新しい課題になってきているように思われる。

西洋の議論には確かに優れたものが数々見られる。だが、現代における「再発見」「再認識」という姿勢をもって私たちが行う「己事究明」からは、西洋人が東洋を見ようとするものとは違うことが開き出されてくるであろう。その過程においては、自らの足元を観ることの重大さが、より強く自覚される必要があるからである。それが、本書が取り組もうとし、目指そうとしてきたものであると言ってもよい。

本書はそのほんの入り口を彷徨い歩いたものにすぎず、そこから見える風景は、いまだ明確に描ききれてはいないであろう。まさに力不足を謙虚に痛感し、自分自身の日頃の修練の未熟さが全ての原因であることを深く自覚している。が、「自己覚知」の積み重ねと継続が「己事究明」である。遅鈍ながらもこれからは、西洋の議論を越え、自分自身の「自己覚知」の歩みを続けていきたいと心新たにしている。

今後は、世界からの要請としても、こうした分野の研究や発言が、とくにわが国に強く求められてくるであろう。そうした世界からの要請に応えられるよう、より多くの責任ある人々によって「この分野の」現代的研究がますます活発に進められていくことを期待したい。そして、その営みが、これからの時代に必要となる、わが国の「豊かな」精神文化の優れた価値を引き上げる努力につながることを、心から願っている。

＊　＊　＊

仏教という数千年の歴史をもつ「宗教的伝統」を「心理療法として」捉え、さらにまた「禅を再発見する」などと言うことは、仏教や禅の伝統に深く携わってこられた多くの方々から、あまりにも大それた傲慢なものとの誹りを受けるかもしれない。本書は、決して仏教を批判するものではないし、むしろ仏教への「憧れ」や「期待」を強く表明するものであることを申し述べておきたい。耳を傾けて頂くことができれば、おそらく、不遜ながら仏教者の方にとっても有意義なヒントを見つけて頂けることと信じている。浅学ゆえの仏教に関する無知蒙昧については、何卒ご指導ご教示を賜われば幸いである。

本書のような禅や仏教に関する東西交流議論が可能になったのも、歴史上の使命を担い、まさに身命を賭して西洋に仏教を伝え広めてこられたわが国の偉大な御老師たちのご努力の賜物である。釈宗演老師、古川堯道老師、釈宗活老師、後藤瑞巌老師、佐々木指月老師、柴山全慶老師、佐々木承周老師、前角博雄老師、鈴木俊隆老師、千崎如幻、鈴木大拙、久松真一先生その他数多くの先覚者の御霊（意識）に合掌低頭、厳しくご叱正を乞う次第である。

＊＊＊

最後になったが、この場を借り、本書の執筆・刊行に当たってお世話になった多くの方々に御礼の言葉を述べさせて頂きたい。

花園大学学長・西村惠信先生には、本書完成へのお力を賜ったことに加え、日頃のご指導に改めて深く感謝申し上げます。また、花園大学社会福祉学部長・林信明先生には、本書の刊行に際して貴重なご示唆を賜りましたこと、この場を借りて御礼申し上げます。

本書の内容は、筆者の前所属先である東京医科大学・精神神経科在籍中から少しずつ書きためてきたものも含まれており、在籍中に頂いた多くの同胞のご指導も、少なからず反映されている。特に未熟な筆者に若い頃より丁寧なご指導を授けて下さった飯森眞喜雄・現主任教授はじめ、三浦四郎衛名誉教授、清水宗夫名誉教授、故加藤正明名誉教授に、この場を借り改めて心深く感謝申し上げます。

禅の長き伝統に立つ花園大学にご縁をいただき、現在はまた、多くの諸先生方から貴重なご指導を頂く幸運を得ている。禅および仏教に関しては、改めてその緻密で厳格な遙かに高き塔の元に立ち、足のすくむ思いであるが、その実践の道について折に触れ、掛け替えのないご教示を賜っている。特に、花園大学文学部教授・安永祖堂先生、同教授ジェフ・ショーワ先生には、日頃より大変貴重なご指導を賜っていることに深く感謝申し上げます。

また、本書執筆に当たっては、トランスパーソナル心理学／精神医学の活動において常々友人ならびに師として重要な示唆を頂いているアメリカの精神科医や心理学者から、多くの励ましや貴重な助言を授かった。なかでも、カリフォルニア大学アーヴァイン校・精神医学教室教授 Roger Walsh、同サンフランシスコ校医学部・臨床准教授 Bruce Scotton 両氏には、公私にわたり、暖かな助力を頂いていることに、この場を借りて深謝申し上げたい。加えて、筆者のアメリカ滞在に際して、毎回友人として深い心配りを頂くMAレコーディングスCEO、タッド・ガーフィンクル、並びに聖マリア八角堂の盟友 Juno に、誌して心から謝意を表する。

さらに、日本におけるトランスパーソナル心理学／精神医学の活動に際しては、深いご見識から数々の貴重なご指導を賜っている、隈病院顧問・加藤清先生、桜美林大学名誉教授・湯浅泰雄先生、駒沢大学教授・佐々木雄二先生、立命館大学教授・林信弘先生、東京大学教授・島薗進先生、早稲田大学教授・春木豊先生、元龍谷大学教授・西光義敞先生、東洋大学名誉教授・恩田彰先生はじめ、顧問・理事の諸先生に深く感謝申し上げますとともに、常日頃身近で大変心強い力を与えてくれている、立命館大学・中川吉晴、相模女子大学・松本孚、日本大学・合田秀行、相模女子大学・石川勇一、昭和学院短期大学・田中彰吾各氏に、特にこの場を借り、誌して謝意を表します。

文末になったが、本書の出版を快く引き受けて下さった京都の老舗・法藏館の西村七兵衛社長、上別府茂編集長、並びに、丁寧に編集の手を加え、幾多にわたるご協力とアドヴァイスを下さった岩田直子さんに、心より感謝申し上げます。

＊＊＊

折しも京都は桜満開である。桜色につつまれた日本の春の美しさは、いつの時代も変わることなく、わが国が世界に誇る貴重な精神文化の源流を築き上げてきたものの一つであろう。現代を評して、時に「精神不在」の世などとも言われるが、誰の心にも平等にあるこの「美を観る意識」を携え保ちながら、わが国の研究が世界との交流を視野に入れ、大きく広く発展していく事を願ってやまない。禅および仏教への心理学的アプローチは、わが国の美しい精神文化を再発掘し、来るべき社会・世界に役立てていく力があることを確信している。

二〇〇三年四月　　京都にて　安藤治

安藤　治（あんどう　おさむ）

花園大学教授（社会福祉学部・福祉心理学科）。精神科医（医学博士）。東京医科大学精神神経科講師，カリフォルニア大学アーヴァイン校客員准教授（精神医学/人間行動学教室）等を経て現職。立命館大学（文学部哲学科大学院）兼務。花園大学国際禅学研究機構・禅的教育研究所副所長。日本トランスパーソナル心理学/精神医学会代表。
著書に，『瞑想の精神医学』（春秋社），『福祉心理学のこころみ』（ミネルヴァ書房），『ZEN 心理療法』（駿河台出版社），『ユング心理学と現代の危機』（共著・河出書房新社），『トランスパーソナル学１』（編著・雲母書房）ほか。
訳書に，『シャーマニズムの精神人類学（ウォルシュ）』（春秋社），『魂の危機を超えて（グロフ）』（春秋社），『自我と力動的基盤（ウォシュバーン）』（雲母書房），『瞑想とユング心理学（オダージンク）』（創元社），『テキスト／トランスパーソナル心理学・精神医学（スコットンほか編）』（日本評論社）（いずれも共訳）ほか，がある。

心理療法としての仏教
――禅・瞑想・仏教への心理学的アプローチ――

二〇〇三年一〇月一〇日　初版第一刷発行
二〇〇六年　五月三〇日　初版第三刷発行

著　者　安藤　治
発行者　西村七兵衛
発行所　株式会社　法藏館
京都市下京区正面通烏丸東入
郵便番号　六〇〇-八一五三
電話　〇七五-三四三-〇〇三〇（編集）
〇七五-三四三-五六五六（営業）

印刷・製本　亜細亜印刷株式会社

ISBN 4-8318-8163-5 C1011

索　　引

・重要な術語を主として採録し，頻出語句（心理療法，禅，瞑想など）の採録は避けた。

【く】

【け】

【こ】

【さ】

【し】

【ろ】

【わ】

参考文献

⑴ Achterberg, J. Imagery in Healing. Boston and London, Shambhala, 1985.（『自己治癒力——イメージのサイエンス』井上哲彰訳，日本教文社，1991）。

⑵ 秋月龍珉『十牛図・坐禅儀——禅宗四部録（上）』春秋社，1989。

⑶ Alexander, F. Buddhistic Training as an Artificial Catatonia. Psychoanalytic Review, 18, 129-145, 1931.

⑷ American Psychiatric Association. Diagnostic and Statistical Manual of Mental Disorders, 4 th Edition (DSM-IV). APA, Washington, 1994.

⑸ 安藤治「離人症の精神療法過程と描画——描画による身体-主体性の回復」日本芸術療法学会誌，巻17，1号，15-23，1986。

⑹ 安藤治「自己臭症の精神療法過程と描画」日本芸術療法学会誌，巻19，1号，7-13，1988。

⑺ Ando, O. Zen Sickness and the Crisis of Hakuin. Transpersonal Perspectives in Psychology (Los Angeles). vol. 4, No. 1, 13-18, April, 1992.

⑻ 安藤治「離人症の治療」臨床精神医学，21（8），1295-1304，1992。

⑼ 安藤治『瞑想の精神医学——トランスパーソナル精神医学序説』春秋社，1993。

⑽ 安藤治「トランスパーソナル精神医学の胎動——アカデミズムの壁を超えて」イマーゴ，巻7，104-117，青土社，1993。

⑾ 安藤治・富沢治・関口宏・飯森真喜雄「祈祷性精神病の今日的意義をめぐって——宗教的実践による精神変調への精神医学的視点」精神科治療学，巻9（1），313-320，1994。

⑿ 安藤治「トランスパーソナル心理学と宗教」季刊「アズ」33号『宗教とユング心理学』，新人物往来社，169-174，1994。

⒀ 安藤治（編）『トランスパーソナル学』巻1，雲母書房，1996。

⒁　安藤治「ユングとトランスパーソナル心理学」『プシケー』1997。
⒂　安藤治・佐々木清志・結城麻奈「心理療法と霊性――その定義をめぐって」トランスパーソナル心理学／精神医学（学会誌），巻２（１），１－９，2001。
⒃　安藤治「心の時代と現代心理学」『ユング心理学と現代の危機』河出書房新社，2001。
⒄　安藤治「仏教への心理学的アプローチ」トランスパーソナル心理学／精神医学（学会誌），巻３（１），１－８，2002。
⒅　安藤治・桝屋二郎・中村珠己・佐々木清志「実存的不安（霊性）への心理療法――身体技法と絵画療法の意味について」日本芸術療法学会誌，巻32，２号，22-32，2001。
⒆　Ansbacher, H. Alfred Adler. in Comprehensive Textbook of Psychiatry. eds. H. Kaplan, A. Freedman, B. Sadock. 3 rd ed., Baltimore ; Williams and Willkins, 724-740, 1980.
⒇　Assagiori, R. Psychosynthesis: A Manual of Principle and Techniques. Psychosynthesis Research Foundation, 1965.（『サイコシンセシス』国谷誠朗・平松園枝訳，誠信書房，1997）。
(21)　Astin, J. A. Stress reduction through mindfulness meditation. Effects on Psychological symptomatology, sense of control, and spiritual experiences. Psychotherapy & Psychosomatics. 66 (2), 97-106, 1997.
(22)　Banner, D. G. Toward a Psychology of Spirituality: Implications for Personal and Psychotherapy. Journal of Psychotherapy and Christianity. vol. 8 (1), 19-30, 1989.
(23)　Becker, E. The Denial of Death. New York: Free Press, 1973.（『死の拒絶』今防人訳，平凡社，1989）。
(24)　Benson, H. Yoga for Drug Abuse. New England Journal of Medicine, 281 (10), 11-33, 1969.
(25)　Benson, H., Beary, J. F., Carol, M. P. The Relaxation Response. Psychiatry, 37, 37-46, 1974.

(26) Benson, H., Wallace, R. K. Decreased Blood Pressure in Hypertensive Patients who Practice Meditation. Circulation, 46 (supplement), 516 (abstract), 1972.

(27) Benson, H, Frankel F. H. et al. Treatment of anxiety: a comparison of the usefullness of self-hypnosis and a meditational relaxation technique: an overview. Psychother Psychosom 28 (229–242), 1978.

(28) Boals, G. F. Toward a Cognitive Reconceptualization of Meditation. Journal of Transpersonal Psychology. 10, 143–182, 1978.

(29) Boestler, R.W., Kornfeld, H. S. Meditation as a Clinical Intervention. J. Psychosocial Nursing, 25 (6), 29–31, 1987.

(30) Bogart, G. The Use of Meditation in Psychotherapy: A Review of the Literature. Am. J. Psychotherapy, vol. XIV (3), 383–412, 1991.

(31) Boorstein S. Transpersonal psychotherapy. Am. J. Psychother. Summer 54 (3), 408–423, 2000.

(32) Boss, M. Eastern Wisdom and Western Psychotherapy. in Wellwood (ed.). The meeting of the Ways. New York, Shocken, 1979.

(33) Boudreau, L. Transcendental Meditation and Yoga as Reciprocal inhibitors. J. Behavior Therapy and Experimental Psychiatry, 3 : 97–98, 1972.

(34) Bradwein, J., Dowdall, M. Can East and West Meet in Psychoanalysis? Am. J. Psychiatry, 142, 1226–1227, 1985.

(35) Buddha, G.『ブッダのことば――スッタニパータ』中村元訳, 岩波文庫, 1984。

(36) Buddha, G.『ブッダの真理のことば・感興のことば』中村元訳, 岩波文庫, 1978。

(37) Bullis, R. K. Spirituality in Social Work Practice. Taylor & Francis, 1996.

(38) Cairns, A.B. Spirituality and religiosity in palliative care. Home Health Nurse. vol.17 (7), 450–455, 1999.
(39) Canda, E.R., Smith,E.D. (eds.). Transpersonal Perspectives on Spirituality in Social Work. The Haworth Press, 2001.
(40) Carrington, P. Freedom in Medtation. New York: Doubleday, 1978.
(41) Carson V (ed.). Spiritual Dimentions of Nursing Practice. Philadelphia, PA, FA Davis, 1971.
(42) Chandler. J. P. Teachings of Mahatoma Gandhi. Lahore: The India Book Works, 375, 1945.
(43) Clark, D. M., Salkovskis, P. M. Respiratory Control as a Treatment for Panic Attacks. J. Behav. Ther. & Exp. Psychit. vol. 16 (1), 23–30, 1985.
(44) Corton, G. Can East and West Meet in Psychoanalysis? Am. J. Psychiatry. 142, 1226–1227, 1985.
(45) Datey, A., Deshmukh, S., Dalvi, C. "Shavasan" : A Yogic Excercise in the Management of Hypertention. Angiology, 20, 325–333, 1969.
(46) Deikman, A. J. Experimental Meditation. J. Nervous and Mental Disease, 136, 329–343, 1963.
(47) Deikman, A. J. Deautomatization and the Mystic Experience. Psychiatry, 29, 324–388, 1966.
(48) Deikman, A. J. The Observing Self. Beacon Press, Boston, 1982.
(49) Delmonte, M. M. Meditation and anxiety reduction: a literature review. Clin. Psycho. Rev. 5 (91–102), 1985
(50) Doka KJ. The spiritual needs of the dying. Doka KJ, Morgan JD (ed.). Death and Spirituality, Baywood Publishing Company, New York, 143–150, 1993.
(51) Dubs, G. Psychospiritual Development in Zen Buddhism: A Study of Resistance in Meditation. J. Transpers. Psychol., 19

(19-86), 1987.

(52) Einstein, A. Words in Goldstein, J. The Experience of Insight. Boulder, Colo., Shambhala, p.126, 1983.

(53) Elkins, D.N., Hedstrom LJ, Leaf JA, Saunders C. Toward A Humanistic Phenomenological Spirituality: Definition, Description, and Measurement. J Humanistic Psychology, vol.28 (4), 5-18, 1988.

(54) Ellison CW. Spiritual well-being: Conceptualization and measurement. J Psychol Theol 11, 330-340, 1983.

(55) Engler, J. Therapeutic Aims in Psychotherapy and Meditation. In Transformation of Consciousness. Wilber, K., Engler, J., Brown, D., Eds. Shambala, Boston, 1986.

(56) Epstein, M., Lieff, J. Psychiatric Complications of Meditation Practice. In Transformation of Consciousness, Shambhala, Boston, 1986.

(57) Epstein, M. Meditative Transformations of Narcissism. J. Transpersonal Psychology. 118, 143-158, 1986.

(58) Epstein, M. Thought without a thinker: Psychotherapy from a Buddhist Perspectives. Basic Books, 1995.

(59) Fenichel, O. problems of Psychoanalytic technique. Psychoanalytic Quaterly. New York, 1941.(『精神分析技法の基本問題』安岡誉訳，金剛出版，1988)。

(60) French, A. P., Schmid, A. C. Transcendental Meditation, Alterd Reality Testing and Behavioral Change. Journal of Nervous and Mental Disease, 161 (1), 55-58, 1975.

(61) Freud, S. Analysis of a phobia in a five-year old boy. In J. Strachey (Ed. and Trans.), The standard edition of the complete psychological works of Sigmund Freud. London: Hogarth Press, 1955.(原典は1909)。(「ある五歳児の恐怖症分析」『フロイト著作集５』高橋義孝ほか訳，人文書院，1969)。

(62) Freud, S. Recommendations to physicians practising psychoanalysis. In J. Strachey (Ed. and Trans.), The standard edition of the complete psychological works of Sigmund Freud. London: Hogarth Press, 1958. (原典は1912)。(「分析医に対する分析治療上の注意」『フロイト著作集 9』小此木啓吾訳, 人文書院, 1983)。

(63) Gendlin, E. T. Focusing. Bantam Books, Inc., New York, 1981. (『フォーカシング』村山正治・都留春夫・村瀬孝雄訳, 福村出版, 1982)。

(64) Girodo, M. Yoga Meditation and Flooding in the Treatment of Anxiety Neurosis. J. Behav. Ther. & Exp. vol. 5 (157-160), 1974.

(65) Godman, D. (ed.). Be as you are: The Teachings of Sri Ramana Maharshi. New York: Arkana, 1985.

(66) Goleman, D. Meditation and Consciousness: An Asian Approach to Mental Health. Am. J. Psychotherapy., 30: 41-54, 1976.

(67) Habermas, J.『コミュニケイション的行為の理論』(上・中・下), 河上倫逸・藤沢賢一郎・丸山高司ほか訳, 未來社, 1985-87)。

(68) Halstead M. T., Mickley J.R. Attempting to Fathom the Unfathomable: Descriptive Views of Spirituality. Seminars in Oncology Nursing, vol. 13 (4), 225-230, 1997.

(69) Harman, W. Old Wine in New Wineskins. in J. Bugental. ed. Challenges of Humanistic Psychology, New York: McGraw-Hill, 323, 1962.

(70) Heath. H. The Maturing Person. in Beyond Health and Normality: Explorations of Exceptional Psychological Wellbeing. New York, Van Nostrand Reinhold, 1983.

(71) Honsberger, R. The Effect of Transcendental Meditation upon Bronchial Asthma. Clinical Research, 21: 368, 1973.

(72) 平林直次・飯森眞喜雄「ターミナルケアにおけるスピリチュアルケアの必要性」総合病院精神医学，巻10（1），55-59，1998。

(73) Honey, K. Neurosis and Human Growth. W.W. Norton & Co. Inc.: New York, 1950.（『自己実現の闘い』対馬忠監修，アカデミア出版会，1986）。

(74) Iron, P. E. Spiritual issues in death and dying for those who do not have convetional religious belief. Doka KJ, Morgan JD (ed.). Death and Spirituality. Baywood Publishing Company, New York, 93-112, 1993.

(75) James, W. Psychology: Briefer Course. 1892.（『心理学』（上・下）今田寛訳，岩波文庫，1992。

(76) Jung, C. G. Die Grosse Befreiung: Einfuhrung in den Zen Buddhismus, Leipzig, 1939.（「禅の瞑想」『東洋的瞑想の心理学』湯浅泰雄・黒木幹夫訳，創元社，1983）。

(77) Jung, C. G. A psychological commentary: The Tibetan Book of the Great Liberation. Oxford, 1954.（「チベットの大いなる解脱の書」『東洋的瞑想の心理学』湯浅泰雄・黒木幹夫訳，創元社，1983）。

(78) Jung, C. G. Collected works vol. 11. Psychology and Religion: West and East. London: Routledge, 1958.

(79) Jung, C. G. Two Essays on Analytical Psychology. Bollingen Foundations Inc. New York, 1966.

(80) Jung, C. G. Memories, Dreams, Reflections. New York, Random House Inc, 1963.（『ユング自伝——思い出・夢・思想』河合隼雄・藤縄昭・出井淑子訳，みすず書房，1972）。

(81) Jung, C. G. On psychic Energy. The Collected Works of C. G. Jung, vol. 8, Princeton University Press, 1975.

(82) Kabat-Zinn, J. Full Catastrophe Living. Dell Publishing, NY., 1990.（『生命力がよみがえる瞑想健康法』春木豊訳，実務教育出版，1993）。

(83) Kabat-Zinn, J. Effectiveness of a Meditation-Based Stress Reduction Program in the Treatment of Anxiety Disorders. Am. J. Psychiatry 149, 7, 936-943, 1992.

(84) Kabat-Zinn, J. An Outpatient Program in Behavioral Medicine for Chronic Pain Patients Based on the Practice of Mindfullness Meditation: Theoretical Considerations and Preliminary Results, General Hospital Psychiatry 4, 33-47, 1982.

(85) Karasu TB. Spiritual psychotherapy. Am. J. Psychother. Spring 53 (2), 143-162, 1999.

(86) Kass J., Friedman R., Lesserman J., et al. Health outcomes and a new Index of Spiritual Experience. J. Scientific study Religion. vol. 30, 203-211, 1991.

(87) Kennedy, R. Self-induced Depersonalization Syndrome, Am. J. Psychiatry, 133 (11), 1326-1328, 1976.

(88) 北本佳子「障害者に対す福祉専門職の援助の方向――ソーシャルワークにおける自己覚知概念の展開から」リハビリテーション研究, 87, 25-29, 1996。

(89) Kohr, R. Dimentionality in Meditative Experience. J. Transpersonal Psychology, 9 (2), 193-203, 1977.

(90) Kornfield, J. Living Buddhist Masters. University Press, Santa Cruz, CA, 1977.

(91) Kubler-Ross, E. On Death and Dying. Mcmillan Company, 1969.(『死の瞬間――死にゆく人々との対話』川口正吉訳, 読売新聞社, 1971)。

(92) 窪寺俊之「末期患者の霊性アセスメント」キリスト教主義教育, 24, 127-151, 1996。

(93) Kutz, I., Borysenko, J. Z., Benson, H. Meditation and Psychotherapy: A Rationale for the Integration of Dynamic Psychotherapy, Am. J. Psychiatry. 142, 1-8, 1985.

(94) Kutz, I., Borysenko, J. Z., Benson, H. Meditation as an Ad-

junct to Psychotherapy: An Outcome Study, Psychother. Psychosom. 43, 209–218, 1985.

(95) Langer, E., Blank, A., Benzion, C. The Mindfulness of Ostensibly Thoughtful Action: The Role of Placebic Information on Information on Interpersonal Interaction. Journal of Personality and Social Reserch 36, 635–642, 1978.

(96) Langer, E. Playing the Middle Against Both Ends. The Usefuleness of Adult Cognitive Activity as a Model for Cognitive Activity in Childfood adn Old Age. in Yussen, S. (ed.). The Development of Reflection. New York, Academic Press, 1982.

(97) Langer, E. The Psychology of Control. Beverly Hills, Calif. Sage, 1983.

(98) Lazarus, A. A. Psychiatric Problems Precipitated by Transcendental Meditation. Psychological Reports. 10, 39–44, 1976.

(99) Levine, S. Healing into Life and Death. Double day, NY. 1987.（『癒された死』高橋裕子訳，VOICE, 1993）。

(100) Lukoff D. The importance of spirituality in mental health. Altern Ther Health Med. Nov; 6 (6), 81–87, 2000.

(101) Maslow. A. Toward a Psychology of Being. (2nd ed.). Prinston: Van Nostrand, 1968.

(102) Maslow, A. The Further reaches of Human Nature. Viking Press, 1971.（『人間性の最高価値』上田吉一訳，誠信書房，1973）。

(103) Mathers, E. W., Zevon, M. A. et al.. Peak Experience Tendencies: Scale Development and Theory Testing. J. Humanistic Psychology., 22, 92–108, 1982.

(104) McDonald, K. How to Meditate. Wisdom Publications, 1984.（『チベットメディテーション——チベット仏教の瞑想法』ペマ・ギャルポ・鹿子木大士郎訳，日中出版，1992）。

(105) 水野弘元『仏教の基礎知識』春秋社，1971。

(106) Mora, G. Recent American Psychiatric Developments. in Ame-

rican Handbook of Psychiatry. New York; Basic Books, 1960.
(107) Murphy, M., Donovan, S. Contemporary Meditation Research; A Summary of the Field with a Bibliograpy of 926 Entries, The Esalen Institute Transformation Project, San Francisco, 1985.
(108) Murphy, M., Donovan, S. The Physical and Psychological Effects of Meditation. Esalen Institute, 1988.
(109) Naess, A. Self-Realization: An Ecological Approach to Being in the World. The Trumpeter 4 (3), 35-42, 1987.
(110) 中村元『自己の探求』青土社，1987。
(111) 中里至正・松井洋（編著）『異質な日本の若者たち——世界の中高生の思いやり意識』ブレーン出版，1997。
(112) 西村惠信『己事究明の思想と方法』法藏館，1983。
(113) Noble, K. D. Psychological Health and the Experience of Transcendence. The Counseling Psychologist, 15, 601-614, 1987.
(114) Odajnyk. W. V. Gathering the Light: A Psychology of Meditation. Shambhala, 1993.（『ユング心理学と瞑想』湯浅泰雄監訳，安藤治・是恒正達訳，創元社，1997）。
(115) Ornstein, R. The Psychology of Consciousness. San Francisco, W. H. Freeman, 1972.
(116) Osis, K., Bokert, E. Dimentions of the Meditative Experience. J. Transpersonal Psychology, 5, 109-135, 1973.
(117) Otis, L. Adverse Effects of Transcendental Meditation. In D. H. Shapiro, R.N. Walsh (Ed.), Meditation: Classic and Contemporary Perspectives, New York: Aldine, 1984.
(118) Otto, R. Das Heilige. 1936.（『聖なるもの』山谷省吾訳，岩波文庫，1968）。
(119) Parry, S. J., Jones, R.G. Beyond Illusion in the Psychotherapeutic Enterprise. In Beyond Therapy. Claxton, G. (ed.). Wisdom Publications, London, 1986.

(120) Patel, D.H. Twelve-month Follow up of Yoga and Biofeedback in the Management of Hypertension. Lancet, 1, 62–65, 1975.

(121) Perls, F. Gestalt Therapy Verbatim. Lafayette, Calif. REal People Press, 124, 1969.

(122) Perls. F. S. The Gestalt approach and Eye Witness to Therapy. Science and Behavior Books Inc., 1973.（『ゲシュタルト療法』倉戸ヨシヤ監訳，ナカニシヤ出版，1990）。

(123) Post-White J, Ceronsky C, Kreizer M, et al. Hope, spiritualy, sense of coherence, and quality of life in patients with cancer. Oncol. Nurs. Forum 23, 1571–1579, 1996.

(124) Principe W. Toward defining spirituality: Sciences Religious Studies in Religion. 127–141, 1983.

(125) Puchalski CM, Larson DB. Developing Curricula In Spirituality and Medicine. Achademic Medicine, vol. 73（9），970–974, Sep. 1998.

(126) Rank, O. Will Therapy and Truth and Reality. New York, Knopf, 1936.

(127) Reibel, D. K., Greeson, J. M., Brainar, G. C., Rosenzweig, S. Mindfullness-based stress reduction and health-related quality of life in a heterogenous patient population. General Hospital Psychiatry. 23（4），2001.

(128) Rogers, C. R. The Necessary and Sufficient COnditions of Therapeutic Personality Change. In Journal of Consulting Psychology. 21, 95–103, 1957.（「パースナリティ変化の必要にして十分な条件」伊藤博編訳『サイコセラピーの過程』〈ロジャーズ全集第4巻〉岩崎学術出版，1966）。

(129) Rogers, C. R. A Theory of Therapy, Personality and Interpersonal Relationships as developed in the Client Centered Framework. In Koch, S.（ed.）. Psychology: A Study of Science. vol.

III, McGraw-Hill, 1959.（「クライエント中心療法の立場から発展したセラピー，パースナリティおよび対人関係の理論」伊藤博訳編『パースナリティ理論』〈ロジャーズ全集第 8 巻〉岩崎学術出版，1967）。
(130) Roth B. Creaser T. Mindfullness meditation-based stress reduction: experience with a bilingual inner-city program. Nurse Practioner. 22 (3), 150–152, 1997.
(131) Rothberg D. The Crisis of Modernity and the Emergence of Socially engaged Spirituality. Revision, vol. 15, 105–114, 1993.
(132) Rothman, J. C. The Self Awareness Workbook for Social Workers, Allyn & Bacon, 1999.
(133) Russel, E. W. Consciousness and the Unconsciousness : Easten Meditative and Western Psychotherapeutic Approaches. J. Transpersonal Psychology, 18 (1); 51–72, 1986.
(134) Russel, R. Report on Effective Psychotherapy and Legislative Testimony. Lake Placid, N.Y. : Hilgarth Press, 1981.
(135) Salkovskis, P. M. JONES, D. R. Respiratory Control in the Treatment of Panic Attacks: Replication and Extension with Concurrent Measurement of Behavior and pCO_2. British J. Psychiatry, 148 (526–532), 1986.
(136) Schuyler, D. A Practical Guide to Cognitive Therapy. W. W. Norton New York, 1991.（『シューラーの認知療法入門』高橋祥友訳，金剛出版，1991）。
(137) Scotton, B.W., Chinen, A.B., Battista, J. R. (ed.). Textbook of Transpersonal Psychiatry and Psychology. Basic Books, New York, 1996.（『テキスト／トランスパーソナル心理学・精神医学』安藤治・池沢良郎・是恒正達訳，日本評論社，1999）。
(138) Shafii, M. Adaptive and Therapeutic Aspects of Meditation. Int. J. Psychoanal., 54, 431–443, 1973.
(139) Shafii, M., Lavel, R., Jaffe, T. Meditation and the Prevention

of Alchohol abuse. Am. J. Psychiatry., 132, 942–945, 1975.

(140) Shafranske E.P., Gorsuch R.L. Factors associated with the Perception of Spirituality in Psychotherapy. Journal of Transpersonal Psychology, vol. 16 (2), 1984.

(141) Shapiro, D. H., Zifferblatt. Zen Meditation and Behavioral Self-control: Similarities, Differences, and Clinical Applications. Am. Psychologist, 31, 519–532, 1976.

(142) Shapiro, D. H., Zifferblatt, S. M. An applied Clinical Combination of Zen Meditation and Behavioral Self-control Strategies: Reducing Methadone Dosage in Drug Abuse. Behavior Therapy, 7, 694–695, 1976.

(143) Shapiro, D. H. Zen Meditation and Behavioral Self-control Strategies applied to a case of generalized Anxiety. Psychologia, 9 (3): 134–138, 1976.

(144) Shapiro, D. H. Zen Meditation: Self-regulation Strategy and Altered Consciousness. New York, Aldine, 1980.

(145) Shapiro, D. H. Overview: Clinical and Physiological Comparison of Meditation with other Self-control Strategies. Am. J. Psychiatry. 139 (3), 267–274, 1982.

(146) Siegel, B. S. Peace, Love & Healing: Bodymind communication and the Path to Self-healing. Harper Collins, 1989.（『シーゲル博士の心の健康法』新潮文庫，1993）。

(147) Simonton, C. Getting Well Again. J. P. Tarcher, Los Angeles, 1978.（『ガンのセルフ・コントロール――サイモントン療法の理論と実際』近藤裕監訳，創元社，1982）。

(148) 巣元方『諸病源候論』牟田光一郎訳，南京中医学院校，緑書房，1988。

(149) Speca, M., Carlson, L., Goodey, E., Angen, M. A randomized wait-list controlled clinical trial: The effect of a mindfullness meditation-based stress reduction program on mood and symp-

toms of stress in cancer outpatients. Psychosomatic Medicine. 62, 613-622, 2000.

(150) Stiles, W. B., Shapiro, D.A., Elliot, R. "Are All Psychotherapies Equal ?" in American Psychologist. February 1986.

(151) Stroebel, C., Glueck, B., Passive Meditation: Subjective and Clinical comparison with Biofeedback. In G. Schwartz, D.Shapiro (ed.) Consciousness and Self-regulation. New York: Plenum, 1977.

(152) Suzuki, D. T., From, E., Martino, R, D. Zen Buddhism and Psychoanalysis. Harper & Brothers, 1960.（『禅と精神分析』小堀宗柏・佐藤幸治・豊村左知・阿部正雄訳，東京創元社，1960)。

(153) 鈴木大拙『日本的霊性』岩波文庫，1972。

(154) Trungpa, C. Transcending Madness. Boston, Shambhala, 1992.

(155) Tulpule, T.E. Yogic Exercises in the Management of Ischemic Heart Diseases. Indian Heart Journal, 23, 259-264, 1971.

(156) Turner RP, Lukoff D, Barnhouse RT, et al. Religious or spiritual problem: Aculturally sensitive diagnostic category in the DSM-Ⅳ. J. Nerv. Ment. Dis. 183, 435-444, 1995.

(157) 植木雅俊『マザー・テレサと菩薩の精神——仏教の倫理観を求めて』中外日報社，1977。

(158) Vella-Brodrick DA., Allen FCL. Development and psychometric validation of the Mental, Physical, and Spiritual Wellbeing Scale. Psychol Rep. 77, 659-674, 1995.

(159) Walley, M. R. Applications in Mental Health Care. In Beyond Therapy. Claxton, G. (Ed.). Wisdom Publications, London, 1986.

(160) Walsh, R. N., Roche, L. Precipitation of acute Psychotic Episodes by Intensive Meditation in individuals with a History of Schizophrenia. Am. J. Psychiatry. 136 (8), 1085-1086, 1979.

(161) Walsh, R. A Model for Viewing Meditation Research. J. Transpersonal Psychology, 14 (1), 69-84, 1982.

(162) Walsh. R. The Ten Perfections: Qualities of the Fully Enlightened Individual as Described in Buddhist Psychology. in Beyond Health and Normality: Explorations of Exceptional Psychological Wellbeing. New York, Van Nostrand Reinhold, 1983.

(163) Walsh, R. Staying Alive: Psychology of Human Survival. Shambhala, 1987.

(164) Walsh, R., Vaughan, F. (ed.). Path beyond Ego. J. P. Tarcher, 1994.

(165) Walsh, R. The Problem of Suffering: Existential and Transpersonal Perspectives. The Humanistic Psychologist, 23, Autumn 1995.

(166) Washburn, M. The Ego and the Dynamic Ground. SUNY Press, 1995.(『自我と力動的基盤』安藤治・是恒正達・高橋豊訳，雲母書房，1997)。

(167) Waterman, A. Individual and Interdependence. American Psychologist, 36, 762-773, 1981.

(168) Watson, G. The Resonance of Emptiness. Curzon Press, 1998.

(169) Watts, A. Psychotherapy East and West. Pantheon Books, 1961.(『心理療法　東と西』滝野功訳，誠信書房，1985)。

(170) Weber, M.『資本主義の倫理とプロテスタンティズムの精神』大塚久雄訳，岩波文庫，1989。

(171) Wellwood, J. The Psychology of Awakening: Buddhism, Psychotherapy and the Path of Personal and Spiritual Transformation. Boston: Shambhala, 2000.

(172) WHO. Cancer pain relief and palliative care. WHO technical report series No. 804, 1990.(『がんの痛みからの解放とパリアティブ・ケア』武田文和訳，金原出版，1993)。

(173) Willams, A., Kolar, M., Regar, B. E., Pearson, J. C. Evaluation of a wellness-based mindfullness stress reduction intervention: A controlled trial. American Journal of Health Promotion. 15 (6), 422–432, Jul-Aug, 2001.

(174) Wilber, K. The Spectrum of Consciousness. Wheaton; Theosophycal Publishing House, 1977.（『意識のスペクトル１・２』吉福伸逸・菅靖彦訳，春秋社，1985，86）。

(175) Wilber, K. The Atman Project. Theosophycal Publishing House, 1980.（『アートマン・プロジェクト』吉福伸逸ほか訳，春秋社，1986）。

(176) Wilber, K. Eye to Eye: The Quest for the New Paradigm. New York, Anchor Press, 1983.（『眼には眼を』吉福伸逸ほか訳，青土社，1987）。

(177) Wilber, K. A Sociable God: A Brief Introduction to a transcendental Sociology. Boston and London, Shambhala, 1983.（『構造としての神——超越的社会学入門』井上章子訳，青土社，1984）。

(178) Wolman,T. Can East and West Meet in Psychoanalysis? Am. J. Psychiatry, 142, 1227–1228, 1985.

(179) Woolfolk, R. Carr-Kaffashan, L., Mcnulty, T. F. Meditation Training as a Treatment for Insomnia. Behavior Therapy, 7 (3), 359–366, 1976.

(180) Wuthnow, R. Peak Experience : Some Empirical Tests. J. Humanistic Psychol. 18, 59–75, 1978.

(181) 湯浅泰雄『日本人の宗教意識——習俗と信仰の底を流れるもの』名著刊行会，1981。

註

第一章

[1]　本書では「仏教」および「禅」という言葉を，しばしば同義のものとして使用している。いわゆる「禅宗」が「仏教」の一宗派であることは周知のごとく言うまでもないが，「禅」はそのなかでも「座禅」という実践を最も重視するものである。本書では「宗教」という広い意味をもつ言葉から，そこに含まれる「信仰」や「宗派」「教派」という要素を一旦切り離したものとして，（現代の西洋社会で見られる）「仏教」という言葉が捉えられることを重視している。実際「禅　ＺＥＮ」にはその要素，つまり，いわゆる「宗教ではない」という意味も含まれているものと考え，「禅」を多用しており，その意味では，本書の「仏教」は「禅」と同義と考えていただいても差し支えない。時に「座禅」すなわち「瞑想」の実践が強調されるところでは，それと「禅」が同意語として使われたり，また「仏教」も，場面や文脈に応じて「瞑想」と同義に使っている箇所もある。

[2]　このような対抗文化以降の動きの底流には当時，西洋社会，とくにアメリカ社会に広く蔓延した各種の精神作用物質の流行に代表される「意識変容」，あるいは「変性意識」への強い興味があったことも見逃すことはできない。

また，当時を振り返ると，「アイソレーション・タンク」などの感覚遮断や隔離状況を誘発する実験的試みが生み出されたり，ヨーガや瞑想などの東洋の宗教的実践法への関心が大きく広がりはじめ，それに加えて，強烈な音楽やダンス，リズムによる意識変化なども多くの人々に体験されるようになった。それらを通して，人々の「変性意識」への興味が，ますます社会のなかで膨らんでいったと考えられる。

「変性意識」と呼ばれるものに対しては，それまでは，ともすると即座に「病的」と考えられ危険視されるような態度が根強かった

が，そうした視点はこのような新しい文化潮流にさらされながら，しだいに取り払われていった。心理療法的意義などへの強い関心の高まりも，このような動きが背景にあることを踏まえるなら，ごく自然な動きとして理解できるにちがいない。

［3］「ゴータマ」は家名に当たる姓の名であり，その個人名は「シッダッタ」である。「ブッダ」は「目覚めた人」（音写して仏陀・仏，漢訳の覚者）を指す。「ゴータマ・ブッダ」は，ヨーロッパおよび南方仏教圏で広く使用されてきており，わが国や中国など北方仏教圏では，釈迦牟尼世尊《しゃかむにせそん》または略して釈尊《しゃくそん》がよく用いられる。「釈迦牟尼」とは，シャカ族出身の聖者，「世尊」とは「世間に尊敬される人」という意味。「ブッダ」は必ずしもゴータマ・シッダッタその人だけを指す呼称ではないが，本書では，現代において世界的に共通して使われる釈尊の呼称として「ブッダ」を使用することにする。

［4］原語はパーリ語の manas であり，従来「意」と訳されてきたが，近年の訳（たとえば中村元訳『ブッダの真理のことば・感興のことば』[36]では，わかりやすいという理由によって「心」と訳されている。英文では mind が当てられることが多い。

［5］このような見方は，西洋の科学的学問としての「心理学」のなかで，十分に受け入れられた考えになっているわけではない。科学として発展してきた心理学は，このような見方が取れなかった明確な歴史をもっているからである。しかし近年，西洋心理学のなかで「第四勢力」とも呼ばれる新潮流として誕生した「トランスパーソナル心理学」は，この分野に心理学的角度から積極的に取り組むことを表明した新しい学問領域として注目を集めるようになっている（その全体像についての詳細は筆者共訳『テキスト／トランスパーソナル心理学・精神医学』[137]を参照されたい)。

［6］これは言うまでもなく「宗教」のアプローチにも見出せる共通点であるが，心理療法は特定の信仰に基づいてなされるものではないという前提に立って，ここでは異なるものと考えておきたい。本

書では仏教を，第一に信仰に基づくものとは位置づけていない。

第二章

［1］　本書での「仏教のエッセンス」については，不要な混乱を避けるためにも，その主要部分のほとんどを，水野弘元著『仏教の基礎知識』(105)に全面的に統一して依拠した。ただし，必要に応じて自由に他の文献を参照しながら補足する形をとる。

［2］　身見：不滅の実体としての自我や霊魂の存在を認める形而上学的本体論のこと。辺見：存在について，それが実際に有るとする説，無いとする説の二つの極端な説。邪見：善悪や因果の法則を否定する説。見取：理想でないものを理想的であると考える誤り。戒禁取：正しい理想目標が得られたとしても，その理想に到達すべき方法が誤っていること。

［3］　これらの「煩悩」には，理知的な迷い（見惑《けんわく》）と情意的な迷い（修惑《しゅわく》，または思惑《しわく》）との二つがあるとされる。理知的な迷いとは，正しい道理を聞くことによって直ちにその迷いが除かれるような煩悩のことで，五見や疑などは見惑のみに属する。

情意的な迷いとは，理屈ではわかっていても，長い間の誤った習慣のために，なかなか除くことができず，時間をかけて修養努力することによってはじめて除去することのできる煩悩のことで，貪欲・瞋恚・愚痴・慢などは多くこれに属するものである。

［4］　八正道。

①正　見《しょうけん》：邪見の反対であり，仏教的な正しい世界観・人生観としての縁起や四諦の道理を正しく知る智慧。世俗生活を営む社会人などにとっての正見は，世俗的・社会的な正しい智慧理解であり，たとえば事業の全体的見通しを正しくもち，正しい方向づけをすることと考えられる。

②正思惟《しょうしゆい》：正見が全体に対する総合的・基本的見解であるのに対して，個々の実践の場合における正しい思念，正しい決意を指す。貪欲・瞋恚・愚痴などの煩悩障碍を離れた正しい思惟・意思の作用とされ

る。

③正語《しょうご》：正しい言語的行為であり，妄語〔うそつき〕・悪口・両舌《りょうぜつ》（中傷）・綺語《きご》（無益語）を離れ，真実を語り，自分や周囲の人々にとってマイナスになることは避け，プラスになることだけを語ること。

④正業《しょうごう》：殺生〔ころし〕・偸盗〔ぬすみ〕・邪淫（みだら・不倫行為）を離れ，生物を愛し，困窮者には施与慈善をなし，正しい性道徳を守って夫婦が睦まじくあること。

⑤正命《しょうみょう》：正しい生活のことで，邪命《じゃみょう》として禁じられる生活を離れ，正しい方法によって生活すること。一般人について言えば，賭博などにふけり，よからぬ周旋業や売淫などで生活することは邪命と見られる。

⑥正精進《しょうしょうじん》：正しい努力であり，善の理想に向かって勇気をもって邁進すること。正精進は，修行者にとっても，一般人にとっても，日常のすべての行動に必要であり，八正道で言えば，正精進以外の七つの項目すべてに正精進が加わらなければ，七つの項目は完成されないことになる。

⑦正念《しょうねん》：念とは憶えていて忘れないこと。仏教者として必要なことを常に心にかけておくことであり，無常・苦・無我などの仏教の根本的立場を忘れないで心にとめ，実践するように心がけることである。

⑧正定《しょうじょう》：定とは意〔こころ〕を定め静めること。正しい精神統一のことであり，これを「禅定《ぜんじょう》」とも言う。正定は正念を正しくはたらかせるために必要であり，同じように，正見・正思惟などの場合にも精神統一が必要である。また統一した精神で正語・正業・正命・正精進がなされることによって，それらの作用も完全に行われる。しかしまた，正見や正念が得られていることによってはじめて，正定も正しく得られることになる。

［５］「無常」は，ブッダによって仏教の根本として掲げられる命題であるわけだが，その理由には，理論的な理由と実践的な理由があ

るとされる。[150] 理論的理由としては，諸行が「無常」であることから，世の中には固定・不変の実体は認識されないという「無我説」の根拠をなすことが挙げられる。経典には次のような問答で，「無常」から「無我」へと導かれる筋道が確認されている。

「比丘らよ，そこで色（肉体や物質）は常住（永遠）であると考えるか，あるいは無常であると考えるか」。

「無常であります」。

「またおよそ無常なるものは苦であるか，あるいはそれは楽であるか」。

「苦であります」。

「またおよそ無常で苦であり変化の性質があるものを，「これは私のものである，私はこれである，これは私の我《アートマン》である」と見なしてよいだろうか」。

「よくはありません。尊い方よ」。（『サンユッタ・ニカーヤ』）[105]

「無常」は，このように，「色は無常である，無常なるものは苦である，苦であるものは無我である」という形で，理論的に「無我説」を説く根拠として示されるものであり，ここでは同時に，実践的な理由も示されている。

第一にそれは「無常観」を重視する立場であること。人生のなかで近親者の死や数々の不幸・悲哀に出会い引き起こされる感情は，そこから自己を反省し，苦悩からの解放を求めて進む「宗教心」を引き起こすが，「無常」という言葉は，この感情を指し示す重要な用語である。

また，「無常」を観察することは，それによって「執着心」や「驕慢心《きょうまんしん》」を除くことにつながる。世の中のことは何一つとして常住不変のものはないのだから，それに「執着」したり，それを誇り奢っても何にもならない。無常が正しく観察されることによって，つねに謙虚な気持ちをもち，周囲の人々とも調和していくことができるのである。また，「無常」を観ずることは，時々刻々に生滅変化する一瞬を大切にすることにもつながる。つまり，無常を知るこ

とによって，寸暇を惜しんで精進努力する心が養われる。

このように無常観は，「苦」や「無我」を導く教説でありながら，「求道心」や「宗教心」を重視するものであり，「執着」や「我欲」を離れ，謙虚に刹那を大切に生き，理想に向かわせるきわめて実践的な教えでもある。

［6］「諸法無我」の教説は，実践的には，すべてについて固定的な考えをもたず，それに「執着」しないことを教えるものでもある。「執着」をなくして利害損得の功利主義を離れること，自分や自分の持ち物も含めすべてのものは，「無常」であり「無我」なるものであるのだから，これを永遠なものとして執着しないことである。また「執着」があればそこに利害損得が生じる。利害損得があれば，正しい判断はできず，誤った態度や行動をとって苦悩が招かれることになるのである。

第三章

［1］ このデカルトの自覚は，主体・客体を分けて考えるいわゆる二元論的思考の源流とされ，西洋の近代思想の発端をなしたものであるとしばしば主張されている。もちろん心理学もその例外ではなく，この我（自我ないし自己）がそれ以上疑いようのない実体であるとみなす立場に立っていることは言うまでもない。

［2］ 自灯明・法灯明の説：ブッダの最後の説法の一つとされるもので，「この世で自らを島として，自らをよりどころとして，他の人をよりどころとせず，法《ダルマ》を島とし，法をよりどころとして，他のものをよりどころとせずにあれ」（『ディーガ・ニカーヤ』）という教説（漢訳では「自らを灯明とせよ。法を灯明とせよ」と訳されることがある）。

［3］ マーガレット・マーラー，クライン，ピアジェ，エーリッヒ・ノイマンらが現代を代表する理論家たちであり，とくにノイマンの『意識の起源史』は広く支持されている。

［4］ この節での「自己」は西洋の発達心理学の文脈で使用され，自

己構造ないし自己システムを言い表すことが多くなる。

［5］ 前節で行った発達心理学の概略のなかでは，この「同一化」という用語を頻繁に使用した。そこでの使用法は，たとえば「身体への同一化」など，伝統的な精神分析の使用法からすれば違和感を感じられた方もおられるかもしれないが，「同一化」の本来の定義を思い起こしていただけば，決して矛盾した使用法ではない。最近の研究では，精神分析の論文にもこのような使用法は決してめずらしいものではなくなっている。

［6］ 不快を避け，快を求めるというと，すぐに浮かぶのは，フロイトの「快感原則」かもしれない。この原則は，無意識過程ないし一次過程に支配的な精神の原理であるとされる。人は発達するにつれて「快感原則」から脱し，「現実原則」の支配下に移行するが，夢や空想，白昼夢やユーモアなどには，依然として「快感原則」に支配された心理過程が見られるというわけである。フロイトの「快感原則」は本来，エネルギー経済論的見地に立つものであり，ここでは重要な立場とは考えない。

第四章

［1］ ここではその一つの例を挙げてみたい。行動科学と呼ばれる医学的アプローチのなかに，「交互抑制」あるいは「逆制止」（reciprocal inhibition）という考え方があるが，たとえば，不安の反応があるとすれば，それに対して生理学的に対抗すると考えられるリラックスなどの反応（先にリラクセーション反応として挙げた効果）が与えられると，その反応が「抑制」あるいは「制止」されると考えられる。このような考え方に立って，瞑想の精神的健康の達成メカニズムとしては，健康な精神的要素による不健康な精神的要素の「交互抑制」という原理があるという考え方も生まれてきた。[66]

しかし，現在，瞑想の理解において，このような考え方にはさまざまな批判が寄せられてもいる。[28, 30] まず第一には，瞑想ではこの原理が説明するような，逆の反応で対抗しているという側面よりも，実

践者の注意が別のところへシフトしたりしていることや，あるいは認識の仕方自体が通常の意識状態とは異なっているということのほうに重点を置いて理解したほうが，より妥当な態度のように思えるということだ。また，瞑想では決してある感覚に否定的なものという価値づけが与えられるようなことはなく，交互抑制のような，否定的なものに対抗してそれを打ち消すといった原理をそのまま適用するわけにはいかない。またさらに最も重大な欠点は，「リラクセーション反応」モデルを当てはめるという行動科学のアプローチでは，瞑想と他のリラクセーションとの相違が，ともするとまったく見出せなくなってしまう。

［2］　ここで使用した「認知療法としての瞑想」という節のタイトルは，治療としての瞑想を考えて，その自覚や認知的側面を重視したアプローチとして一つにまとめるために，便宜上使用したものである。もとより瞑想がこの「認知療法」の一つに含まれると考えているわけではないことをお断りしておく。

［3］　こうしたアプローチと瞑想をつなげて考えようとする時には，一つ注意しておかねばならないことがある。行動科学的治療アプローチには，もともと治療という目的をもって積極的に働きかけてコントロールしていくという態度が見出せるが，瞑想にはそうした態度がないということである。たとえば，禅との比較を行ったある研究では次のような意見が出されている。[(141)]西洋の自己コントロール技法（バイオフィードバックなど）には，まず解決されるべき特定の症状に焦点を当て，それを観察データとして記録，評価し，「コントロールする」という側面があるが，禅にはそれが見られない。また禅には，西洋のストレス・マネージメントのための行動科学的プログラミングなどに見られる，特定の肯定的イメージや思考を引き上げたり培ったりする操作的側面も見られない。行動科学的アプローチから瞑想を理解しようとする場合には，まず認知行動療法などと瞑想には，こうした点で基本的立場の違いがあることをよく認識しておく必要がある。

［4］ 瞑想は，決して内面的世界への引きこもりと見なされるものではない。実際，仏教の瞑想の指導者の発言には次のように明言された言葉が見られる。「瞑想の実践は内面への集中を要求するものではない。……事実，瞑想は外部の世界や現象世界なしに行うことは不可能なのである。というのは，個人と外部の世界は切り離すことのできないものであり，一緒に共存しているからである」[154]。

［5］ 現在のトランスパーソナル心理学の体系的理論をリードしている中心的人物の一人，ケン・ウィルバーの心理学的理論は，フロイト以来の精神分析理論の発展を基盤に，人間の心理学的発達の完全なモデルを築き上げようとする努力を行ったものである。そこでは，瞑想による意識状態に対して，従来の心理力動的理解にはなかったまったく新しいアプローチがなされている。[174]

彼の理論体系については，その妥当性に関してまだまだ多くの議論がなされるべきかとも思われるが，その一部については，他書[9]で述べているので繰り返すことはしない。ただ，瞑想状態に関する心理力動的アプローチを検討しようとする際には，将来的に必ずや不可欠と思われる，非常にすぐれた大きな理論枠が提出されていると考える。

その理論枠は，彼の一連の著作のなかで膨大な資料に基づいて緻密に検討されながら築き上げられたもので，ここで簡単にその要旨を述べても十分に説得力のある説明をすることは困難である。詳しくはぜひともその著書[174,175]に当たっていただきたい。だがともかく，ここでの議論に最低限必要と思われる範囲でその理論の骨格だけを取り上げてみると，人間には，その成長過程のなかで「感覚的」，「心理的」，そして「精神的霊的」という三つの存在と知の領域を活用する能力があるとする大きな前提に立って，人間の心理的発達を考えようとするものだと言える。

人間は，生後まもなくの自他未分化な，単に「感覚的」状態から徐々に発達を遂げ，いわゆる自我意識が目覚め，思考を発達させていく「心理的」状態へと成長していく。そして，たとえば現在十分

な評価を得ていると思えるピアジェの発達論を持ち出せば「形式的操作的思考」の成熟を待って，この「心理的」発達が頂点に達するとされている。しかし，ウィルバーの検討によれば，世界中の膨大な文献に当たってみると，人間には，この「心理的」時期をさらに乗り越えたその先に現れる発達段階，つまり「精神的霊的」な，第三の発達段階が認められる可能性が十分に存在している。彼によれば，人間の発達において認められるこの三つの領域は，無意識的・自己意識的・超意識的，あるいは前合理的・合理的・超合理的，そしてまた前個的・個的・超個的などとも言い換えることができるものである。

彼は，人間にはこれら三つの領域があるとする時，この三領域を考える際にはしばしば，重大な判断の過ちが犯されてしまいがちな傾向があることを指摘し，それを「前／超の虚偽（pre/trans fallacy)」の問題と名づけた。[176]

彼はこう述べている。「問題は，たとえば，前合理的と超合理的は，いずれもそれぞれ独特の意味で非合理的であるため，未熟な目にはそれらが同様なものに見えたり，時には同一のものにすら見えるということにほかならない。いったんこの混同――〈前〉と〈超〉の混同――が起こると，必然的に次のいずれかのことが起こる。超合理的領域が前合理的状態に還元される，あるいは，前合理的領域が超合理的栄光へと引き上げられる。いずれにせよ，欠落のない全体的な世界観は真ん中から折りたたまれ，真の世界の一半（〈前〉ないし〈超〉）は根本的に誤った扱いを受け，誤解される。われわれが関心を寄せるのはそうした誤解なのである」。

ウィルバーは，この「前／超の虚偽」は，これまでのあらゆる学問分野において存在し，われわれの理解に重大な認識の歪みを作り上げているとし，心理学においては，その代表的人物であるフロイトにもユングにも，この歪みの目が行き渡っているとしている。すなわち，フロイトは前個的なイドと個的自我を正しく認識していたとしても，すべての霊的・超個的体験を前個的レベルに還元してし

まっており，ユングにおいては一貫してその反対の過ち，つまり霊的・超個的体験は正しく認識したとしても，前個的体験を超個的レベルに引き上げるという過ちが犯されてしまっているとする。

つまり，瞑想状態への心理学的アプローチに際しては，とくにフロイトの枠組みにはこの決定的な過ちを犯す可能性が潜んでおり，正しい認識がなされないというきびしい批判が寄せられるということだ。このウィルバーの見解によれば，瞑想の本質的な要素は，無意識に眠る抑圧された構造を開き出すといったものではないのであって，そうではなく，むしろ意識のより高次の構造の発達ないし成長を促進させるものとされる。つまり，瞑想とは自我に仕える単なる「退行」などではなく，自我を超えること（「超越」）を進めるものと理解されるのである。

このウィルバーの視点は，あえて言うなら，瞑想の伝統的体系のなかで修行を積んだ人々が繰り返し唱えてきた，「瞑想とは，通常の意識状態を超えたその先にある一種の独特な意識状態を得るための方法である」とする主張を代弁するものになっており，その立場に立って，現代に至る従来の心理力動的理解にきちんとした対話を行える用語を使用して，正当な鋭い批判を行ったものと見ることができる。

ただ，このウィルバーの見解が，現在，トランスパーソナル心理学の内部でも完全に認められた統一見解だというわけではない。フロイトの理論枠に対する批判に関しては，ほぼ意見の一致が見られると言ってもよいと思われるが，とくにユングの流れを汲んだ研究者たちからは，ウィルバーの理論に対して現在さまざまな議論が提出されている。なかでも最も主要な論点となる超個的領域への「超越」という点に関しては，ウィルバーのモデルは「垂直的階層的」側面があまりにも強調されすぎていると批判され，それに代わって，「水平的螺旋的」モデル（ユングの流れを継いだもの）が必要であるという主張がなされており，その立場からは現在，「超越に奉仕する退行」という視点が，有力かつ臨床的に有用だとする重要な見

解も出されている（この理論について関心のある方は，マイケル・ウォシュバーン『自我と力動的基盤』[166]を参照されたい)。

［6］　ユングが東洋の瞑想に関心をもつようになったのは，中国学者のリヒアルト・ヴィルヘルムが，中国の瞑想法について記された書物『黄金の華の秘密』（人文書院）の翻訳に心理学者としての解説を依頼したことがきっかけと言われている。だが，自伝などを見ると，ユングはその出会いの前から，すでにヨーガや占いの実践を試みたり，曼陀羅を描いたりなど，知らずのうちに東洋の精神的な内面世界に深く接近していたようである。

ともかく，ユングは1930年代になると，多くの東洋学者とも協力しながら精力的に瞑想などの研究に取り組むようになり，数々の重要な研究論文や講義を残している（この点については，ユング著『東洋的瞑想の心理学』[76]で簡潔にまとめられているので，参照されたい)。

［7］　ユングは，最後の主要な仕事と言われる『結合の神秘――錬金術における心の諸対立の分離と統合の探求』のなかで，この方法について次のように述べている（Jung, Collected Works vol.14)。

> 夢とかその他の空想イメージを選び，そして純粋にそれを保持し見つめることで，それに集中しなさい。いやな気分を出発点として使用し，それから，どのような空想イメージがその気分から生ずるか，またはどんなイメージがこの気分を表現しているのかを探し出すこともできる。それから，注意を集中することによって，このイメージを心に固定しなさい。単にそのイメージを黙想することで，そのイメージは活性化されるため，通常はそのイメージは変化していく。変化の様子は，つねに注意して記録しなければならない。というのは，その変化は，無意識という背景での心的過程を反映し，意識的な記憶素材からなるイメージの形をとって現れるからである。
>
> このように，意識と無意識は，滝が上と下とで結ばれるように結合する。空想観念の連鎖が発展して，徐々に劇《ドラマ》の性質を帯びる

ようになる。つまり，受動的な過程が一つの行動になるのである。最初は，その過程は投影された姿からなり，これらの像は劇場のシーンのように観察される。言い換えれば，目を開けて夢を見ているのである。だが，それでは言うまでもなく，本当の進歩はなく，同じ主題について種々のものが絶え間なく続いて出てくるだけであり，それではこの方法の目的にはまったくかなっていない。舞台で演じられていることは，いまだに背景の過程に留まり，観察者を決して感動させない。観察者を感動させることが少なければ少ないほど，この私的な劇場のカタルシスの効果も少なくなる。演じられている作品は，単に偏りのない目で観てもらうことではなく，観察者の参加を望んでいるのである。もし観察者が自分自身のドラマがこの心の内の劇場で演じられていることを理解すれば，その人はその筋書きや結末に無関心ではいられなくなるだろう。俳優が次々に現れて話の筋が複雑になっていくと，彼は，俳優たちは彼の意識状況に何らかの目的関係を有し，彼が無意識によって呼びかけられており，「それ」がこういった空想イメージを彼の前に出現させていることに気づくようになる。それゆえ，彼はただ劇場に座ってばかりいず，この劇に参加し，真に自分の分身と決着をつけざるを得ないと感じる，あるいは，そうするようにと分析家から励まされる。それは，われわれのなかには矛盾が一切ないというものはないし，意識が取らざるを得ない立場によって，心の暗い片隅のどこかに，否定，補償効果，承認，憤慨などを呼び起こされるからである。

われわれの，他者と和解するというこの過程には十分な価値がある，それは，この方法でわれわれは，自分自身には決して認めようとはしなかったわれわれの本性の諸側面を知るようになるからである。これが起きた時には，その全過程を書き止めることが非常に重要である。そうすれば，つねに出現しうる自己欺瞞の傾向にうまく対処できるように，目で見える証拠が得られるからである。影を取り扱うにはつねに，記録を取ることが絶対に必要と

なる。というのも，そうしなければ，影の現実性を見据えられないからである。このような苦痛に満ちた方法によってのみ，われわれの人格の複雑な本性に関して，建設的なある洞察が得られるのである。

［8］ 元来，フロイトの「退行」の概念は，発達的に，より早期の未熟な段階に逆戻りする，という意味で使用される（フロイト自身は，「退行」に「局所論的退行」「時間的退行」「形式的退行」の三種類を区別していたが，現在ではこのなかの「時間的退行」が，最も一般的に「退行」として理解される）。しかし，ユングが考えていた「退行」はこれだけにとどまるものではなかった。

［9］ この「嫌なぬめり」は，単に受け入れられずに拒絶された日常生活の残滓や，不便で不愉快な動物的傾向を含んでいるだけでなく，新しい生や未来に向けての可能性の芽をはらんでいることが理解されるだろう。実際，抑圧された内容のなかに新しい生の可能性がなければ，精神分析はまったく役立たずの非難すべき仕事ということになるだろう。新しい可能性の存在は，現にそうであり，またそうでなければならない。[81]

［10］ このように見れば，先のケン・ウィルバーの見解［註5］，すなわち，人間の発達レベルを考えた際，瞑想が促すものは，個的《パーソナル》レベルから前個的《プレパーソナル》レベルへの「退行」ではなく，超個的《トランスパーソナル》レベルへの「超越」であるとする考え方についても，異なった理解が可能になるだろう。「退行」という概念を，決して「時間的退行」に限定して使用しなければ，瞑想は「（創造的）退行」によって，「超越」を促すものとして理解することができるからである。ユングは，とくに人生の中年期において自ずから人間にしばしば生じる「退行的」な状態に注目していたが，成人としてしっかりとした自我が確立された人間が人生のその先を歩む時，瞑想は，そこで自然な経過として起こる「退行」のなかで，「超越」への道を助け，促すものとして位置づけられる。先に述べた［註5］ユング派の哲学者マイケル・ウォシュバーンは，人間の発達におけるこの過程を重視し，

それを「超越に奉仕する退行」と名づけたが，瞑想をこのように理解することは，従来の精神分析的見解にも十分につながりをもった妥当な意見であると考えられる。

［11］　これは，有名なマズローの「至高体験」の記述でもある。いくつかの研究によれば，「至高体験」は，「教条的，権威的にならず，自己主張的，想像的で，自己充足的なリラックス」を人々にもたらし，(103)「生の意味や目的の拡大感を伴った，内省的な，自己の気づきをもった，自己保証的パーソナリティ」をもたらして，(180)自己や世界に対する体験の「実存的シフトをもたらす」(113)とまとめることができる。

第六章

［１］「逆転移」：精神分析における重要概念の一つ。治療関係に生じてくる「転移」（患者の過去の人間関係が治療者に向けて繰り返される無意識的反応）に対して，治療者側からなされる無意識的反応のこと。

第七章

［１］　この項目はわが国では「宗教または神の問題」として翻訳されているが，spiritual を神と訳すのは誤訳に近いであろう。ちなみに，この問題意識は実際，米国でトランスパーソナル心理学／精神医学の普及・推進に努める精神科医たちのグループによって提出され，採用されたものである。(156)

［２］　医学系最大の文献検索システムである medline のキーワード検索を行ってみると（2000年10月時点），過去に528の論文登録があり，その内訳はこの10年間のものが461を占め，５年間では346，２年では154と，近年になって急速に数を増していることがわかる。また，心理学系最大の psyc LIT の検索では，登録総数は3105あり，1978年から1982年の５年間には46の登録であったものが，その後の５年間で277と増え，以後毎年うなぎ上りに上昇し続けて，最近で

は過去3年間だけで1769もの登録がなされている。この数字だけを見ても，少なくとも医学と心理学の分野で，今後この言葉がわが国でも決して無視できないものになることは明白である。

［3］「霊性」についてのさらに詳しい検討は，別稿[15]で述べたことがあるので，興味のある方は参照していただければ幸いである。

［4］「超個」とは文字通り「トランスパーソナル」である。西洋心理学にその後誕生した「トランスパーソナル」という言葉も，まったくその同じ意味内容をもって，すでに戦時中に大拙によって日本で提唱されていた概念であった。